ACUARELAS EN

3 colores

Título original: *3-Color Water Color*

© 2024 Librero b.v. (edición española)
www.librero.nl

© 2024 Quarto Publishing plc

Editor: James Evans
Directoras editoriales: Isheeta Mustafi y Anna Southgate
Editora jefe: Jacqui Sayers
Directora de operaciones: Kathy Turtle
Asistente de edición: Jemima Solley
Director artístico: James Lawrence
Coordinadora editorial: Sorrel Wood
Técnica editorial sénior: Izzie Hewitt
Asistente de redacción: Helen Birch
Diseñadora: Joelle Wheelwright

Producción de la edición española:
Traducción: Carme Franch Ribes
para Delivering iBooks & Design
Redacción y maquetación:
Delivering iBooks & Design, Barcelona

Distribución exclusiva de la edición española:
Librero IBP S. L.
C/ Paseo de los Olmos, n.º 20
Planta 1.ª, oficina 7
28005 Madrid, España
www.librero-ibp.es

Impreso en China
ISBN: 978-84-1154-053-7

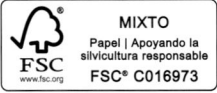

ACUARELAS EN
3 colores

30 proyectos fáciles para
pintar con solo 3 colores
cada uno

KATIE PUTT

Librero

Índice

Las paletas

Joyas vibrantes

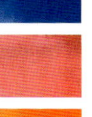
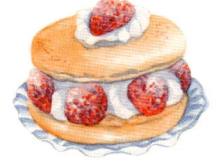
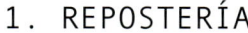

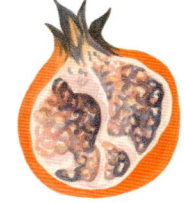

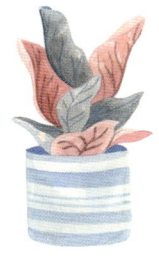

1. REPOSTERÍA

2. GRANADA

3. PLANTA EN MACETA

Espíritu playero

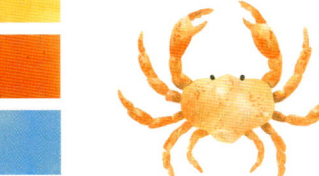

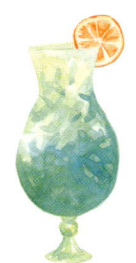

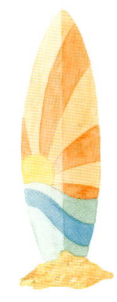

1. CANGREJO

3. HORA DEL CÓCTEL

3. A SURFEAR

Serenidad escandinava

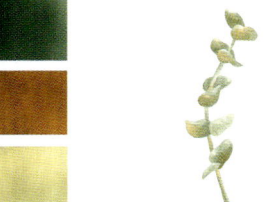

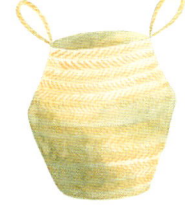

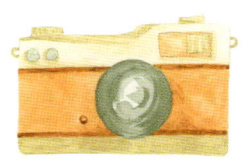

1. EUCALIPTO

2. CESTA DE MIMBRE

3. TIEMPO DE FOTOS

54	*Puro romanticismo*

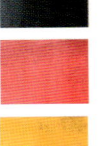

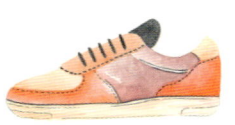

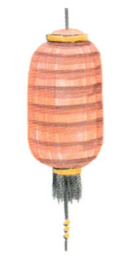

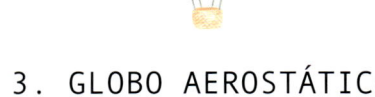

1. ZAPATILLA DE DEPORTE

2. FAROLILLO

3. GLOBO AEROSTÁTICO

64	*Sol tropical*

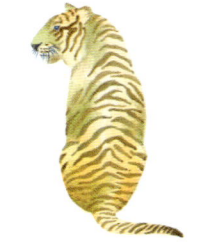

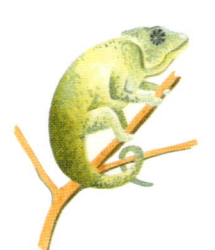

1. LIMONES

2. TIGRE

3. CAMALEÓN

74	*Toque mágico*

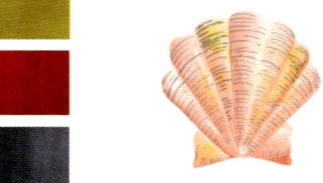

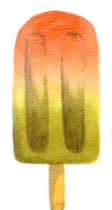

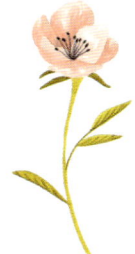

1. VALVA MARINA

2. POLO

4. FLORA

84	*Frescor primaveral*

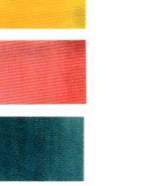

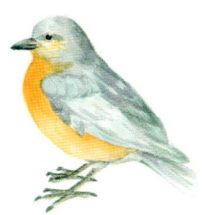

1. NIDO DE PÁJARO

2. LAS FLORES

3. PÁJARO PRIMAVERAL

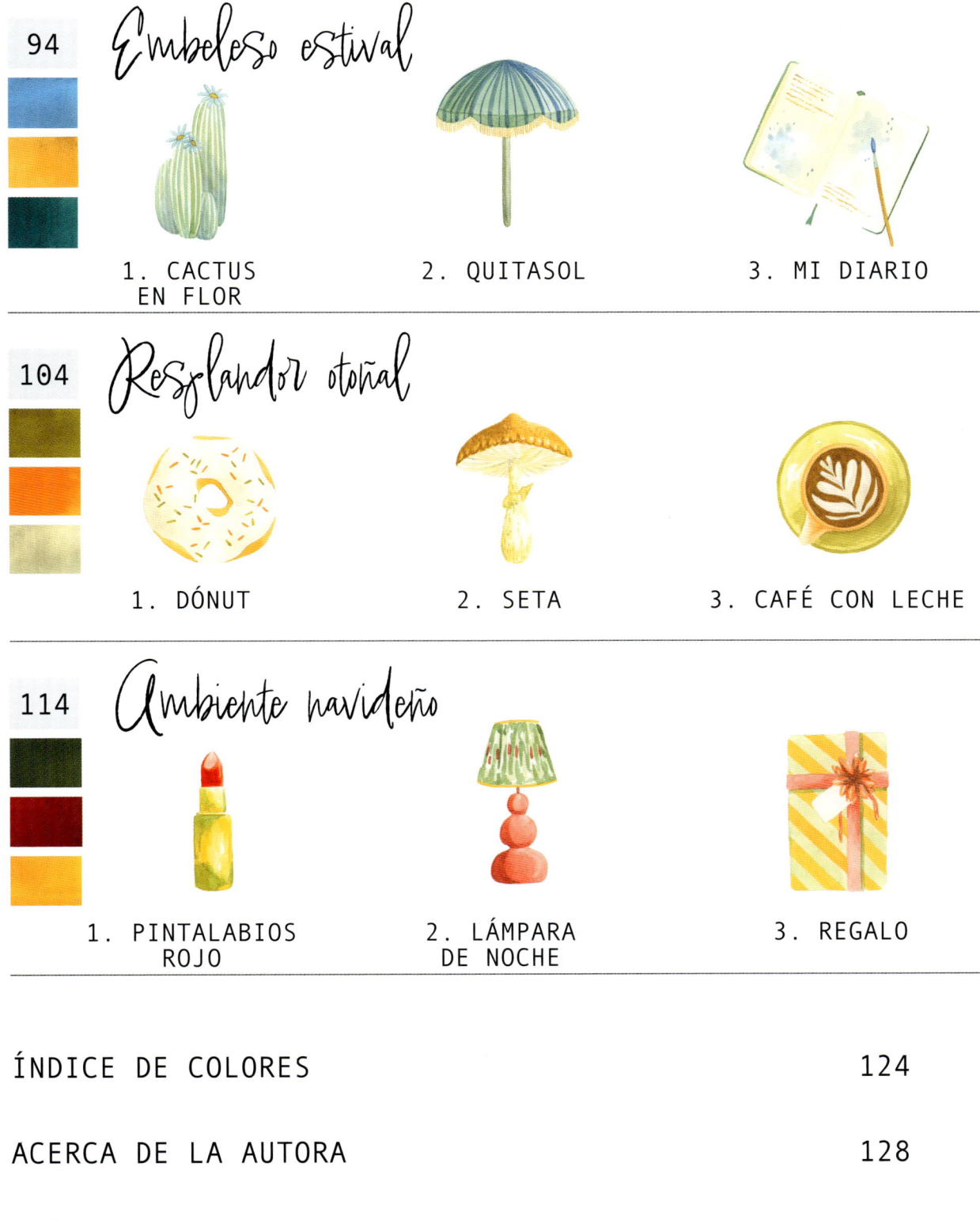

94 Embeleso estival

1. CACTUS EN FLOR

2. QUITASOL

3. MI DIARIO

104 Resplandor otoñal

1. DÓNUT

2. SETA

3. CAFÉ CON LECHE

114 Ambiente navideño

1. PINTALABIOS ROJO

2. LÁMPARA DE NOCHE

3. REGALO

Introducción

La pintura a la acuarela es sinónimo de color.
Las acuarelas se crean a través de la superposición de aguadas de pintura. Todas las capas son traslúcidas, lo que confiere a los colores una intensidad y una profundidad extraordinarias. Por ello es imprescindible conocer a fondo el color para obtener los mejores resultados.

Cada uno de los 10 capítulos de este libro se basa en una paleta distinta de tres colores. Lo único que necesita para empezar son tres colores «puros». A partir de ellos aprenderá a obtener una sorprendente gama de todas las tonalidades que necesitará para completar los tres sencillos proyectos de acuarela de cada capítulo. Tanto si busca algo vibrante como relajante o festivo, hay paletas para todos los gustos.

A medida que profundice en las paletas de este libro, se familiarizará con los distintos colores. Aprenderá cómo interactúan cuando se mezclan o se aplican por capas, y se convertirá en todo un profesional a la hora de valorar las distintas características de las aguadas claras y oscuras. Cuando haya terminado los proyectos de este libro, no cabe duda de que tendrá un sexto sentido para el color.

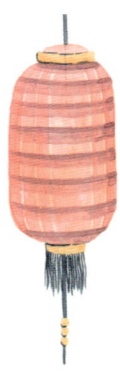 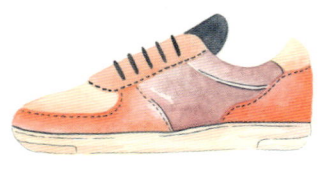 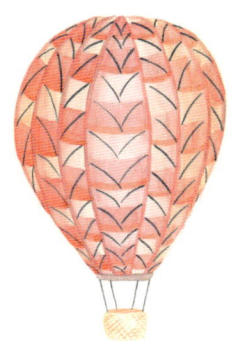

La primera página de cada capítulo se ilustra con una paleta distinta, a partir de la que creará tres proyectos de acuarela. Cuando tenga los colores que se indican, ya puede empezar.

En la página siguiente aparece un círculo cromático que muestra cómo se fusionarán los colores al mezclarlos.

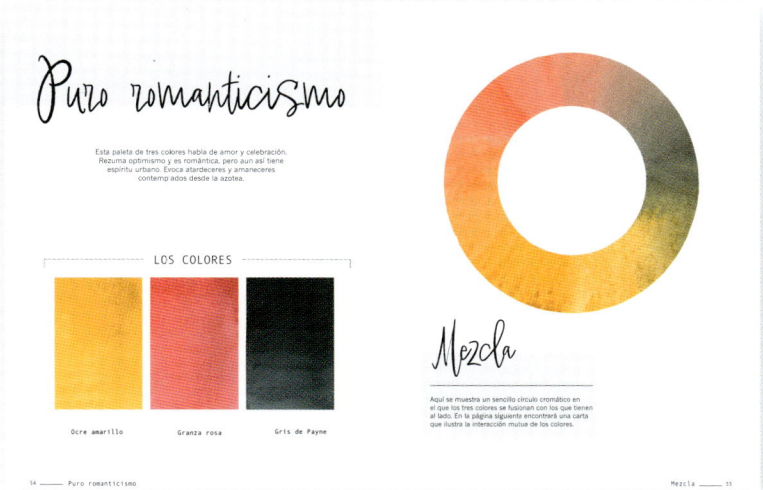

En la tercera página de cada capítulo aparece una carta de colores. Muestra la gama que puede obtenerse al combinar los distintos colores del capítulo en aguadas claras y oscuras. Consulte las páginas 17-19 para obtener más información sobre las cartas y las mezclas de colores.

La página siguiente ilustra los tres proyectos de acuarela que creará con esta paleta de tres colores.

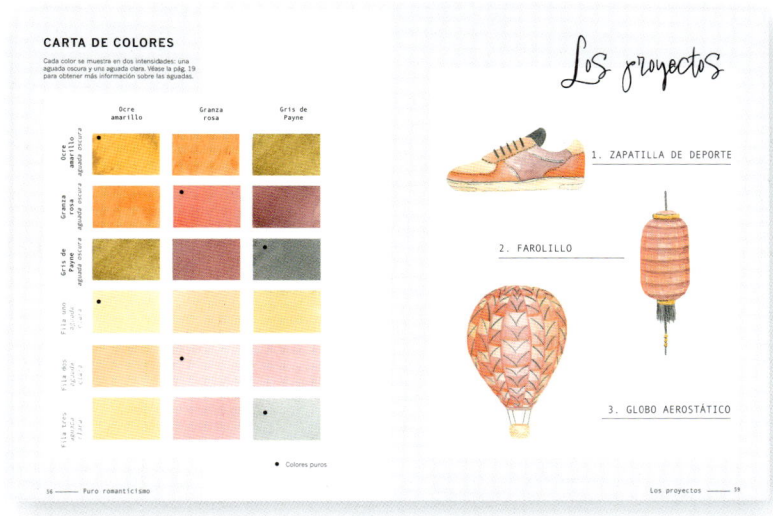

A continuación de las primeras páginas de cada capítulo, encontrará instrucciones paso a paso para realizar cada uno de los tres proyectos. ¡Que se divierta!

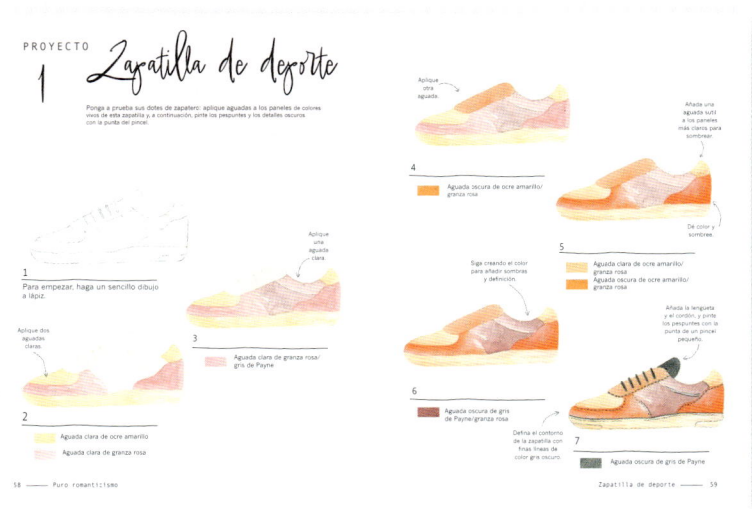

Nociones básicas

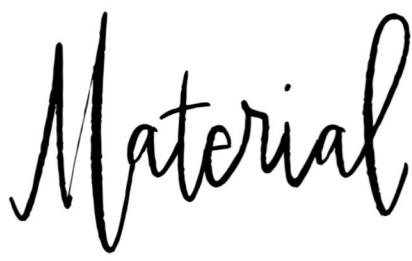

Material

Para empezar a pintar a la acuarela bastan cuatro elementos básicos: pinturas, papel, agua y pinceles. Cuando le encuentre el tranquillo y se ponga a experimentar, ganará seguridad: en esta fase es probable que le apetezca probar distintos materiales y técnicas. Aquí tiene un resumen de todo lo que necesita para empezar.

PINCELES

Los pinceles redondos son los que más se utilizan para pintar a la acuarela. Cuando están húmedos quedan puntiagudos, de modo que si la punta se utiliza con sumo cuidado es excelente para los detalles más pequeños, mientras que si se presiona permite cubrir una mayor superficie.

Para los proyectos de este libro solo necesitará tres pinceles de punta redonda para acuarela:
1) Un pincel pequeño para los detalles (número 1).
2) Un pincel mediano para uso general y para crear capas (número 4).
3) Un pincel grande para crear aguadas que cubran una gran superficie (número 7).

Hay pinceles de pelo natural y pinceles de pelo sintético. Los segundos no son tan suaves como los naturales, pero son más resistentes y más baratos. No tiene por qué gastarse una fortuna: existen marcas para principiantes que ofrecen magníficos resultados.

LÁPIZ

Antes de ponerse a pintar puede serle útil esbozar el proyecto. Utilice lápices HB o 2H para que las líneas no queden demasiado oscuras y haga trazos sutiles, puesto que la acuarela no tapará las marcas de lápiz.

PALETA

Necesitará una superficie para mezclar las pinturas (tiene que ser blanca, de lo contrario no podrá ver cómo quedan exactamente los colores). En el interior de la tapa de los estuches de acuarelas suele haber espacio para hacer las mezclas. Las paletas especiales con huecos van muy bien para guardar los colores que haya mezclado. Aun así, no son imprescindibles: un platito blanco hará la misma función.

PAPEL

Utilice papel de acuarela. Está confeccionado especialmente para que la pintura se seque de manera uniforme, para evitar que el pigmento impregne las fibras del papel y para que los colores queden intensos y vibrantes. Lo más recomendable es que tenga un gramaje superior a 270 g/m².

En cuanto a texturas, hay varias donde elegir. Si le gusta el papel liso, opte por papel de acuarela «prensado en caliente». Si prefiere que tenga textura, elija papel «prensado en frío» o «de grano grueso». Ambos son buenos, es una cuestión de gustos.

GOMA DE BORRAR

Una goma de borrar le irá bien para limpiar el papel y eliminar las líneas a lápiz.

PINTURAS

La mayoría de las pinturas utilizadas en este libro son de la marca Winsor & Newton. Son fáciles de encontrar, así que si quiere obtener colores lo más parecidos posible a los de los proyectos es la mejor marca que puede elegir.

Aun así, tal vez desee utilizar acuarelas de otras marcas. Los fabricantes suelen llamar los colores parecidos de forma distinta, lo que crea confusión. Una forma de dar con el color adecuado es mirar el envase. Si las acuarelas son de calidad, aparecerá el número de pigmento. Puede preguntar en una tienda de bellas artes si tienen pintura para acuarela con dicho número de pigmento o buscarla en internet. Tal vez se llame de forma distinta, pero si el número de pigmento coincide, también lo hará el color. Encontrará los números de pigmento de los colores utilizados en este libro en el índice de colores de la página 124.

Elija pinturas para principiantes: son más asequibles que las de calidad artística, pero aun así ofrecen buenos resultados. Elija la pintura que elija, deberá decidir además si la prefiere en tubo o en pastilla.

Tubos vs. pastillas

TUBOS

Las acuarelas en tubo son más caras que en pastilla, pero duran mucho. Basta poner un puntito de pintura fresca directamente en la paleta para obtener una concentración de color al instante. Como la pintura ya está húmeda, se mezcla en un santiamén, aunque hay que ir con cuidado porque esto significa que tiene más pigmento. Necesitará cargar el pincel con mucha menos cantidad de pintura que con la acuarela en pastillas. En cuanto se saca la pintura del tubo, si no se utiliza se solidifica. Cuando esto suceda puede añadir agua para reactivar la pintura, como si trabajara con acuarelas en pastilla.

PASTILLAS

Las acuarelas en pastilla vienen en un estuche metálico, cada una en su hueco correspondiente. Están secas al tacto, pero se activan al añadirles agua. Esto hace que resulten fáciles de guardar y transportar. Las acuarelas en pastilla son mucho más baratas que en tubo, por lo que son ideales para principiantes y para probar nuevos colores. Puede utilizarlas para los proyectos de este libro y, si descubre que disfruta trabajando con los colores, a largo plazo tal vez le merezca la pena invertir en acuarelas en tubo. Cuando se terminen las pastillas puede rellenar los huecos del estuche con pintura en tubo.

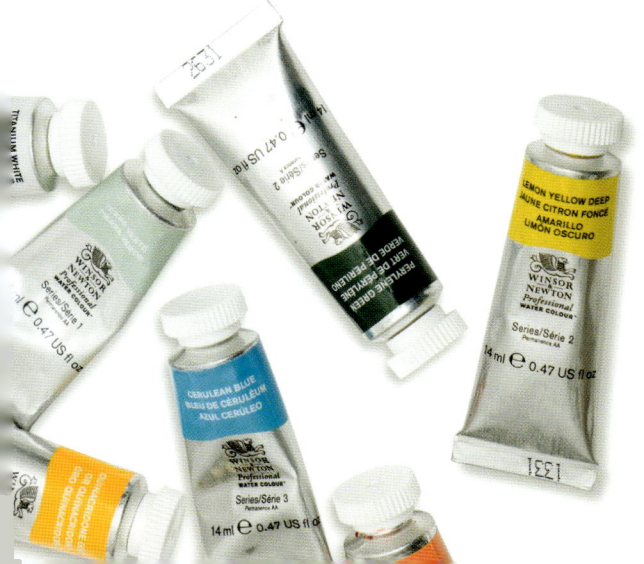

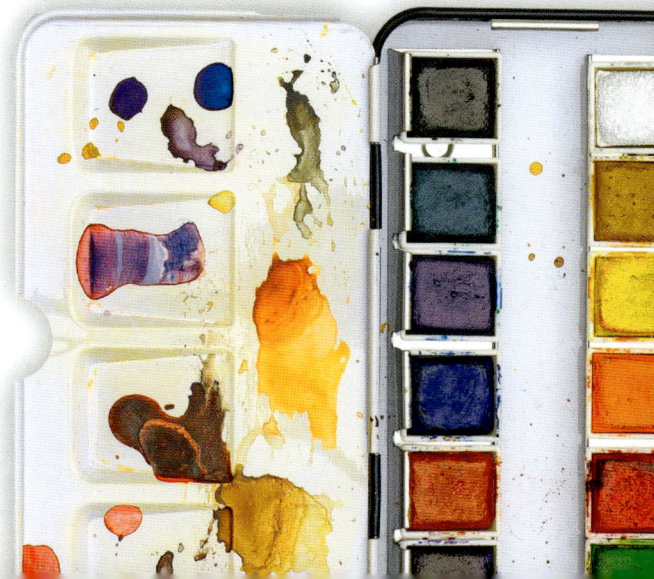

Fundamentos del color

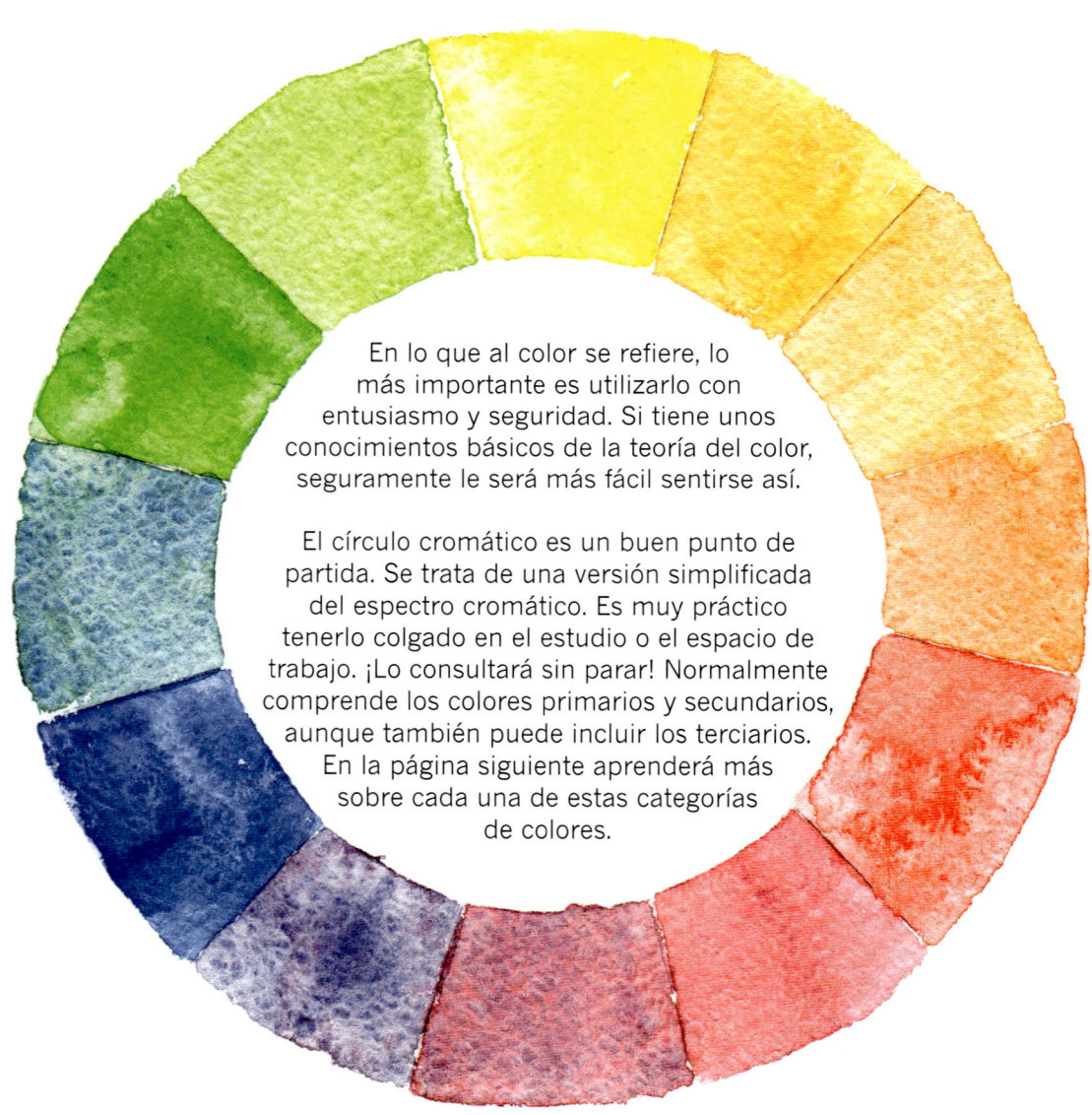

En lo que al color se refiere, lo más importante es utilizarlo con entusiasmo y seguridad. Si tiene unos conocimientos básicos de la teoría del color, seguramente le será más fácil sentirse así.

El círculo cromático es un buen punto de partida. Se trata de una versión simplificada del espectro cromático. Es muy práctico tenerlo colgado en el estudio o el espacio de trabajo. ¡Lo consultará sin parar! Normalmente comprende los colores primarios y secundarios, aunque también puede incluir los terciarios. En la página siguiente aprenderá más sobre cada una de estas categorías de colores.

COLORES PRIMARIOS:

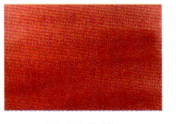 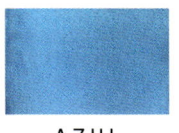 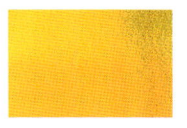

ROJO   AZUL   AMARILLO

Son los colores que no pueden obtenerse al mezclar otros colores. Las acuarelas rojas, azules y amarillas se venden con distintos nombres: carmesí alizarina, azul de Delft o turquesa ftalo, amarillo de cadmio... La lista es interminable. A medida que las utilice se familiarizará con estas variaciones y sus rasgos distintivos.

COLORES TERCIARIOS: ¡UN SINFÍN DE POSIBILIDADES!

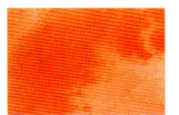 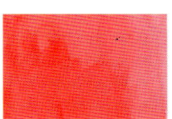 

BERMELLÓN   MAGENTA   VIOLETA

Los colores terciarios se obtienen al mezclar un color primario con uno secundario, o al combinar los tres colores primarios. Y cuando empiece a mezclar colores terciarios descubrirá un mundo de posibilidades.

COLORES SECUNDARIOS:

  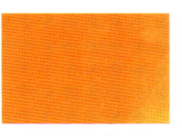

VERDE   PÚRPURA   NARANJA

Los colores secundarios se obtienen a partir de dos colores primarios. Las siguientes combinaciones crean cada uno de los colores secundarios:
Amarillo + Azul = Verde
Azul + Rojo = Púrpura
Rojo + Amarillo = Naranja

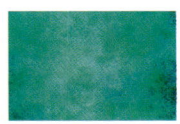 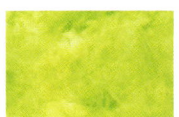 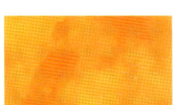

VERDE   CHARTREUSE   ÁMBAR
AZULADO

Sugerencia

Puede comprar colores secundarios o terciarios ya hechos, pero obtendrá más variedad de colores si los mezcla usted mismo, ¡y además se divertirá!

COLORES COM-PLEMENTARIOS

Estos colores ocupan lados opuestos en el círculo cromático. Esta combinación hará destacar sus pinturas, puesto que cada uno realza la cualidad opuesta del otro. A menudo, se observan colores complementarios en la naturaleza: una puesta de sol naranja contra un cielo azul o el follaje verde con flores rojas. Algunos colores complementarios son el azul y el naranja, el rojo y el verde, y el amarillo y el púrpura.

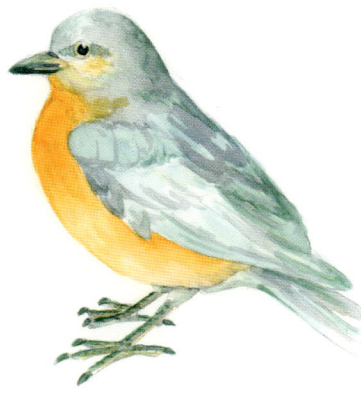

COLORES ARMONIOSOS

Los colores que están juntos en el círculo cromático se denominan armoniosos (o análogos). Están tan cerca que siempre se llevan de maravilla. Son una de las formas más fáciles de conseguir un resultado agradable: suelen crear un efecto tranquilo y armonioso.

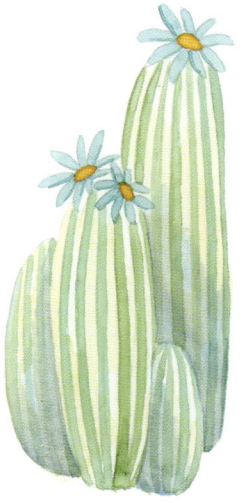

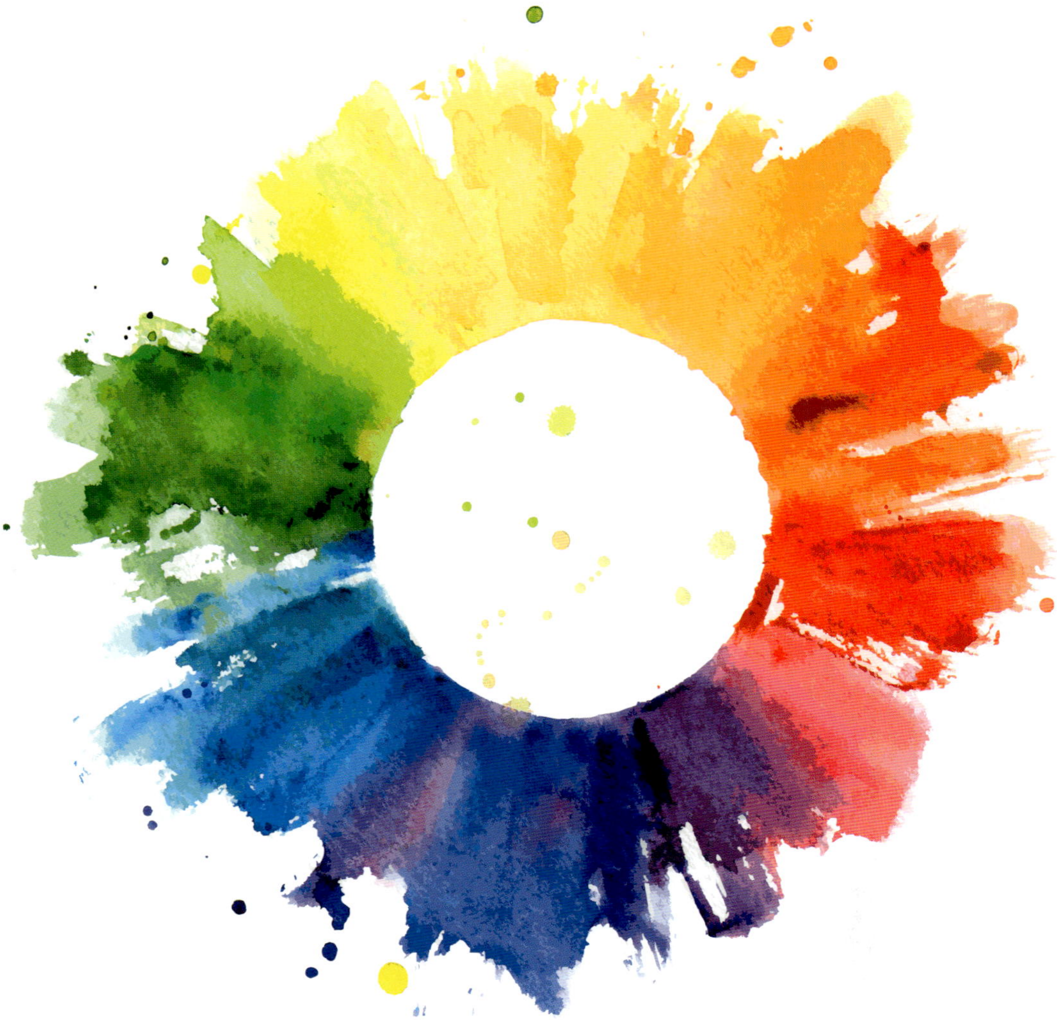

INCLINACIÓN DEL COLOR

Si entiende el significado del concepto «inclinación del color», entenderá mejor las características de los distintos colores de pintura. Esto le permitirá anticipar los resultados cuando mezcle colores.

En pocas palabras, el círculo cromático nos ayuda a agrupar los colores por familias frías o cálidas.

Cada «familia» suele ocupar ambos lados del círculo.
Familia de colores cálidos = rojo, naranja y amarillo
Familia de colores fríos = verde, azul y púrpura

En general, los colores cálidos contienen más rojo, mientras que los colores fríos contienen más azul. Cuando los artistas hablan de la «temperatura» de sus pinturas se refieren a la inclinación del color.

Por ejemplo, puede obtener amarillos cálidos, como amarillo de cadmio, o amarillos fríos, como amarillo limón. (Los amarillos cálidos están más próximos al naranja en la rueda cromática, y los amarillos fríos están más cerca del verde.) Cuando se mezclan con otros colores dan un resultado distinto, aunque ambos sean amarillos.

Amarillo de
cadmio

Amarillo
limón

PRUEBE CON EL PÚRPURA

Entenderá mejor cómo funcionan los colores fríos y cálidos si hace una mezcla para obtener púrpura. Al combinar los primarios rojo y azul se obtiene el púrpura más puro e intenso.

Obtendrá un resultado distinto si utiliza un rojo frío (que está más cerca de los púrpuras en el círculo cromático), como el carmesí alizarina. La combinación de un rojo frío con azul creará un púrpura frío.

En cambio, los resultados serán distintos si utiliza un rojo cálido (que está más cerca de los amarillos en el círculo cromático), como el escarlata pirrol. Cuando mezcla un rojo cálido con azul, la calidez amarilla que contiene transformará su púrpura en un burdeos.

Si utiliza un azul cálido (que está más cerca de los púrpuras en el círculo cromático), como el azul ultramar, obtendrá un púrpura más turbio.

Asimismo, un azul frío (que está más cerca de los verdes en el círculo cromático), como el azul winsor, creará un púrpura más parecido al malva.

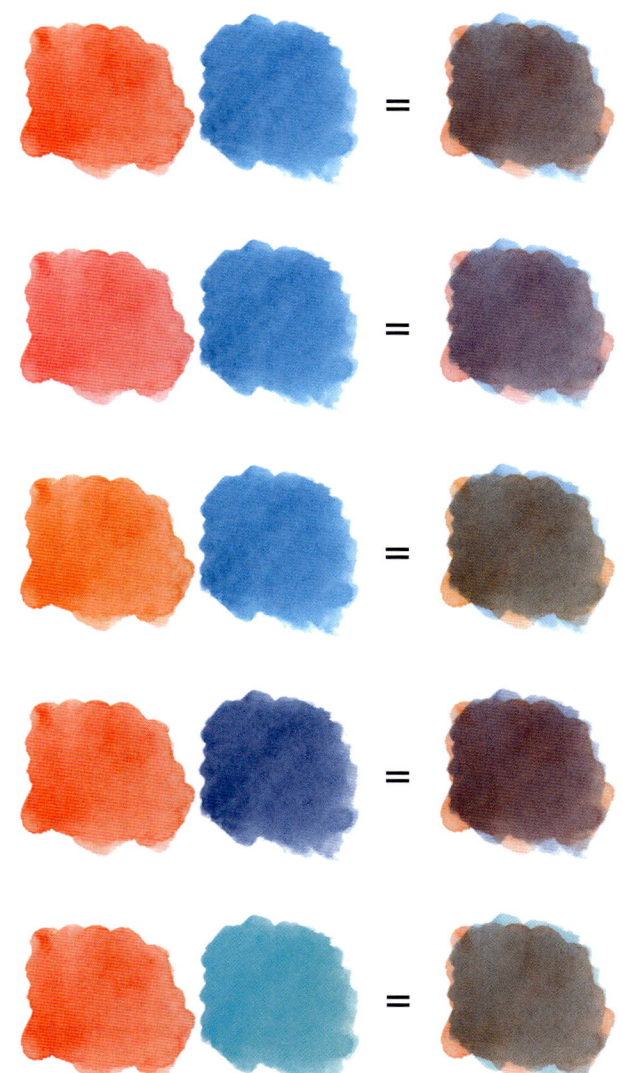

LAS REGLAS DE LA INCLINACIÓN DE COLOR (Y POR QUÉ ROMPERLAS)

Para los colores vibrantes, busque siempre la inclinación de color más próxima al color objetivo en la rueda cromática. Para un púrpura vivo, mezcle un rojo frío y un azul cálido. Para un naranja vivo, mezcle un amarillo cálido y un rojo cálido. Para un verde vivo, mezcle un azul frío y un amarillo frío.

Cuando entienda la inclinación fría o cálida de sus pinturas, puede empezar a romper las «reglas». Pruebe distintas mezclas para ver qué sucede cuando juega con distintas inclinaciones, y diviértase explorando las interesantes opciones cromáticas que surgen de repente. Por ejemplo, pruebe a mezclar un azul frío y un amarillo cálido: descubrirá que ha obtenido un verde oliva maravilloso.

CONSEJOS PARA MEZCLAR COLORES

No hay mejor manera de comprender el color que hacerlo usted mismo. Le ayudará a entender la teoría del color como algo práctico que hay que probar y no como algo teórico que hay que grabarse en la cabeza.

Cuando haga mezclas, empiece por el color más claro y añada poco a poco el más oscuro hasta obtener el color deseado.

El principio básico de la acuarela no es añadir pintura blanca para aclarar los colores, sino agua. Al añadir más agua, la pintura se hace más transparente, por lo que queda más ligera y clara. (Con pintura blanca quedaría turbia y opaca.)

Tres colores

Si limita los colores de su paleta, potenciará su vocabulario del color y llevará su habilidad con la acuarela a otro nivel. Una paleta de tres colores le permitirá conocer cada uno de sus colores de pintura y convertirse en un experto en obtenerlos. Puede centrarse en el impacto de cada color que haya utilizado en un proyecto, y aprender la gran variedad de matices que puede lograr cada uno. Además, descubrirá que sus pinturas se ven más coherentes y armoniosas.

La paleta de tres colores más obvia es la formada por rojo, amarillo y azul. Esto se denomina la tríada de los primarios. Cuando se introduce un color secundario como parte de una paleta de tres colores, las cosas se ponen más interesantes si cabe: su mundo del color, y su forma de entenderlo, se expande.

Explore los proyectos del libro para hacerse una idea de la variedad que cada color tiene que ofrecer, así como la asombrosa gama que puede obtener al mezclar colores. El rojo naranja permanente adopta una personalidad en el capítulo «Joyas vibrantes» (véase pág. 24) completamente distinta a la del capítulo «Espíritu playero» (véase pág. 34); todo depende de los colores con los que se combina.

Hay paletas estimulantes y otras con una estética pastel más sutil. Con los colores primarios «más puros» obtendrá pinturas llenas de colorido, como en el capítulo «Frescor primaveral» (véase pág. 84), mientras que para obtener resultados más sutiles los tres colores de partida deben incluir colores complementarios y un tercer color menos saturado, como en el capítulo «Serenidad escandinava» (véase pág. 44).

ESPÍRITU PLAYERO

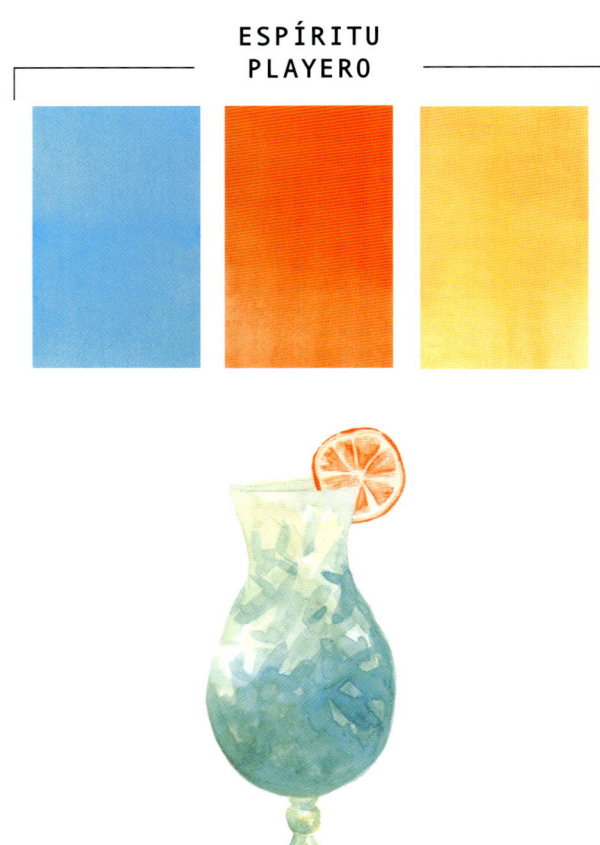

Cartas de colores

Cada uno de los 10 capítulos de este libro está basado en una paleta de tres colores distinta. La paleta se presenta al comienzo de cada capítulo, junto con un círculo cromático y una carta de colores que ilustra cómo se pueden mezclar las tonalidades y muestra la gama cromática que se obtiene con una paleta de tres colores.

Cada carta cuenta con 18 colores. Las muestras marcadas con un punto negro son los colores «puros», es decir, los de su paleta de tres colores. El resto se obtienen al mezclar dos de los tres colores.

Las etiquetas de la parte superior y el margen izquierdo muestran los colores que tiene que mezclar para lograr una determinada muestra de color.

AGUADA CLARA Y AGUADA OSCURA
Aguada oscura
Las tres primeras filas de muestras de la carta de colores son más ricas en pigmento. Para obtener estos colores deberá cargar el pincel con más pintura y menos agua. Así, quedarán más vivos y saturados.

Aguada clara
Las tres últimas filas de muestras de la carta de colores son las mismas que las filas «aguada oscura», pero con mayor proporción de agua que de pintura, por lo que hay menos pigmento en el pincel. Esto hace que los colores queden más pálidos.

Pruebe a añadir distintas cantidades de pigmento a las aguadas para aprender a controlar la intensidad de los colores.

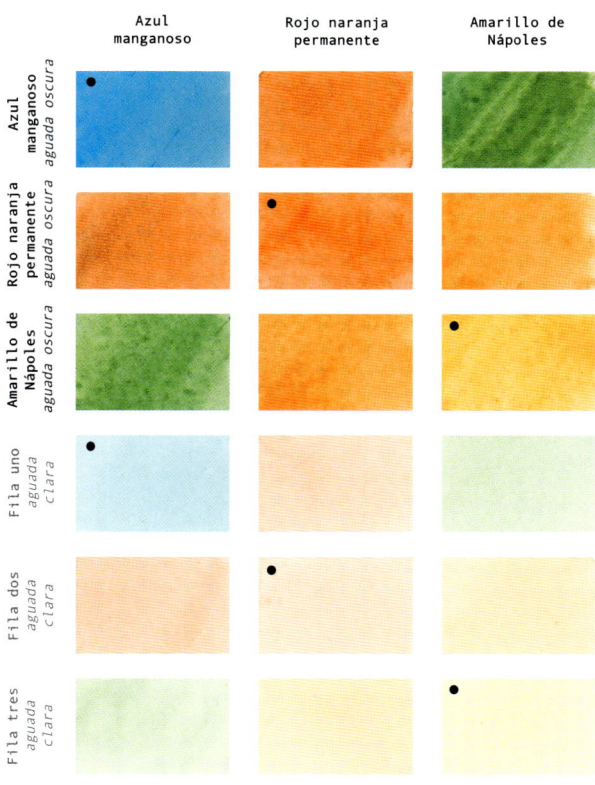

ESPÍRITU PLAYERO

Capas

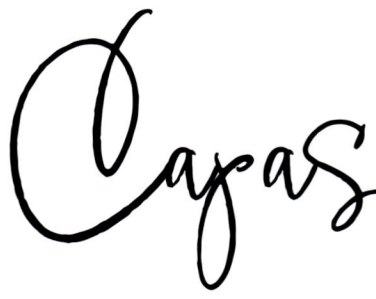

La base de la acuarela consiste en crear capas de pintura. Cada una de estas capas se denomina aguada, y la aplicación de numerosas capas recibe el nombre de «veladura».

Como la acuarela es transparente, cada capa se vislumbra a través de la que tiene debajo, combinando los colores y las marcas del pincel de cada una. El truco consiste en crear capas con sutileza y paciencia, de modo que, cada vez que aplique una, aumente el valor tonal y obtenga un nuevo color más oscuro. Esto es porque está creando capas de pigmento, una encima de la otra, lo cual confiere a la acuarela una profundidad del color de gran belleza.

Las veladuras pueden aplicarse de dos formas principales:
«húmedo sobre húmedo» y «húmedo sobre seco».

EL MÉTODO HÚMEDO SOBRE SECO

Esta técnica consiste en pintar una figura y dejar que se seque completamente antes de aplicar otro color encima. Es la más habitual e ideal para realzar el color y los detalles, así como para obtener contornos y bordes nítidos.

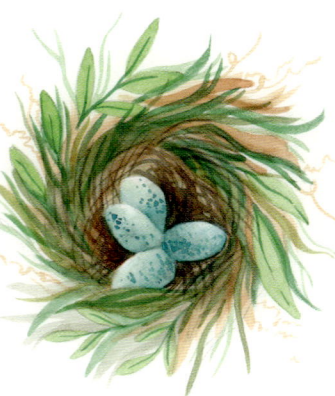

Empiece con los tonos más claros y, a medida que se vayan secando completamente, aña-da otra capa. Si le resulta un tanto frustrante tener que esperar, puede acelerar el proceso con un secador de pelo: pegue el papel con cinta adhesiva y no aplique el calor demasiado cerca.

EL MÉTODO HÚMEDO SOBRE HÚMEDO

Este tipo de veladura consiste en aplicar pintura húmeda sobre pintura o papel húmedos. Las áreas de color se fusionan y se extienden, creando bonitos difuminados o «sangrados».

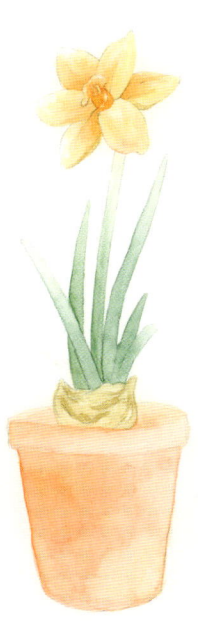

Para aplicarla, pinte una zona de color húmedo y luego aplique un color distinto con el pincel. Toque la pintura húmeda con el pincel: como la primera capa aún estará húmeda, el nuevo color se difuminará por ella.

Otra opción es aplicar la veladura en zonas de pintura húmeda sobre el papel seco y permitir que entren en contacto. La pintura de una zona se infiltrará en la otra, permitiendo que los colores se mezclen.

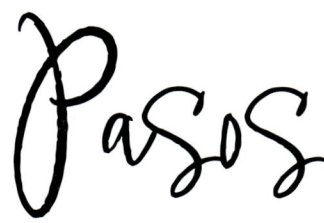

Pasos

ESPACIO NEGATIVO

Una de las primeras cosas en las que tiene que pensar cuando empiece un proyecto de acuarela es el espacio negativo, es decir, las zonas en las que no hay pintura (o, a veces, únicamente una aguada muy clara).

El espacio negativo se utiliza para las zonas blancas, o las más claras, del motivo que está pintando. No hay acuarelas «blancas», sino que es el blanco del papel lo que actúa como blanco.

Esto significa que deberá planificar los reflejos al comienzo del proyecto, aunque de entrada pudiera parecer que son el toque final. Procure no aplicar pintura en las zonas que le gustaría que fueran reflejos.

Si le preocupa llenar el espacio negativo por error, protéjalo con cinta adhesiva o enmascarador líquido.

> ### Sugerencia
>
> Enjuague bien el pincel con agua antes de aplicar la siguiente aguada para evitar contaminar el color que aplique en cada fase.

AGUADAS INICIALES

Normalmente las aguadas iniciales son «aguadas claras» o de color pálido, lo que significa que contienen mayor proporción de agua que de pigmento, al contrario que las aguadas oscuras. Esto crea una base, o una capa de fondo de color.

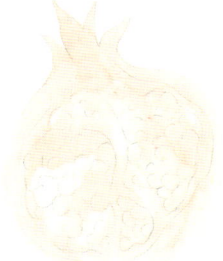

CREACIÓN DEL COLOR

Tras aplicar la aguada inicial, cree capas de colores cada vez más oscuros, con una proporción cada vez mayor de pigmento que de agua.

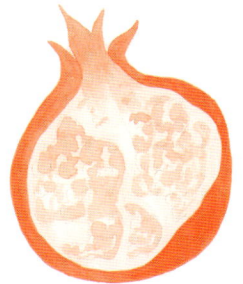

COLORES MÁS OSCUROS Y DETALLES

Los colores más oscuros de la pintura son los últimos en añadirse, y los detalles serán el toque final: elementos como las motas de un huevo o la pupila de un ojo, que suelen aplicarse cuidadosamente con la punta del pincel.

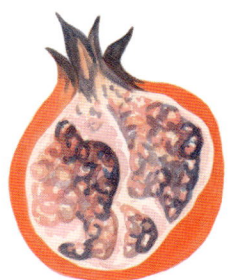

Las paletas

Joyas vibrantes

Esta paleta de tres colores está inspirada en el director de cine Wes Anderson, cuyas películas se reconocen al instante por sus marcados contrastes de colores y los nostálgicos tonos pastel. Se trata de una combinación sencilla y divertida que se presta a frutas jugosas, plantas coloridas y repostería llamativa.

LOS COLORES

Rojo naranja permanente

Granza rosa

Azul de Delft

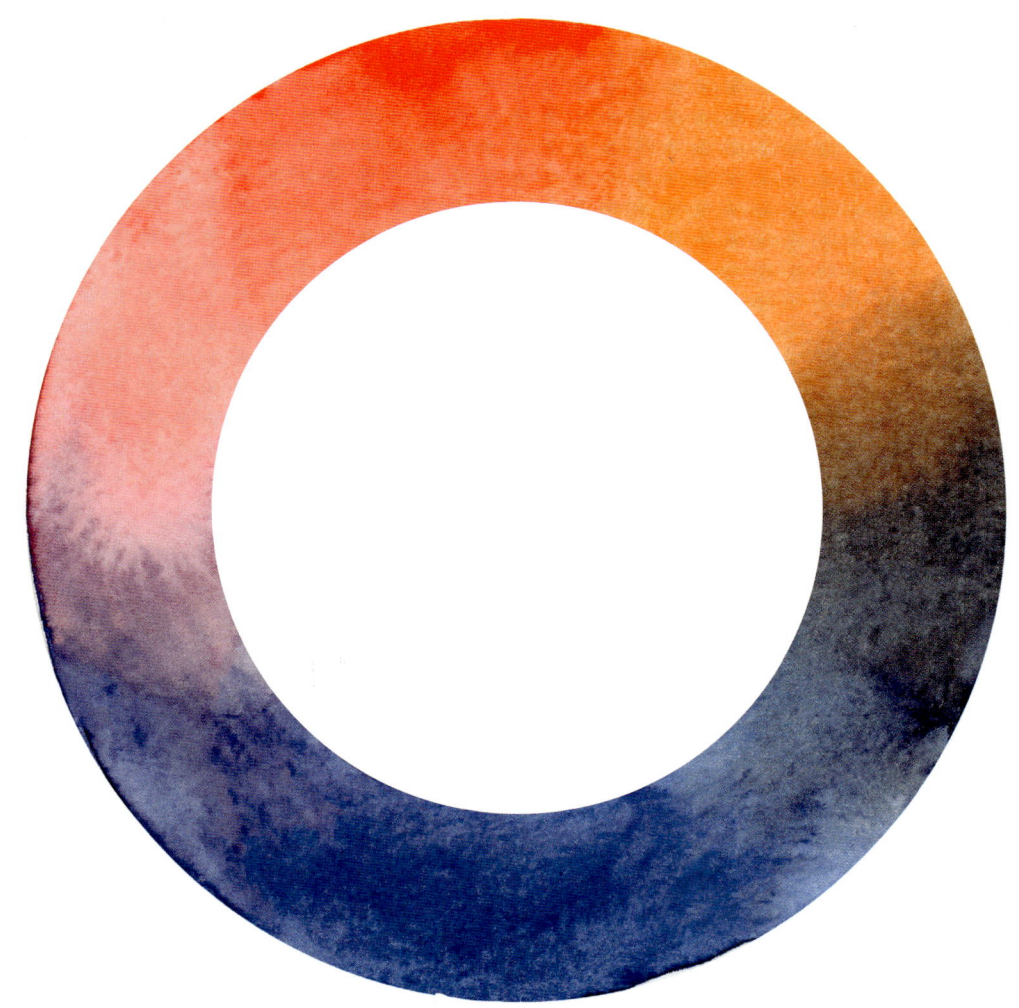

Mezcla

Aquí se muestra un sencillo círculo cromático
en el que los tres colores se fusionan con
los que tienen al lado. En la página siguiente
encontrará una carta que ilustra la interacción
mutua de los colores.

CARTA DE COLORES

Cada color se muestra en dos intensidades:
una aguada oscura y una aguada clara. Véase
la pág. 19 para obtener más información sobre
las aguadas.

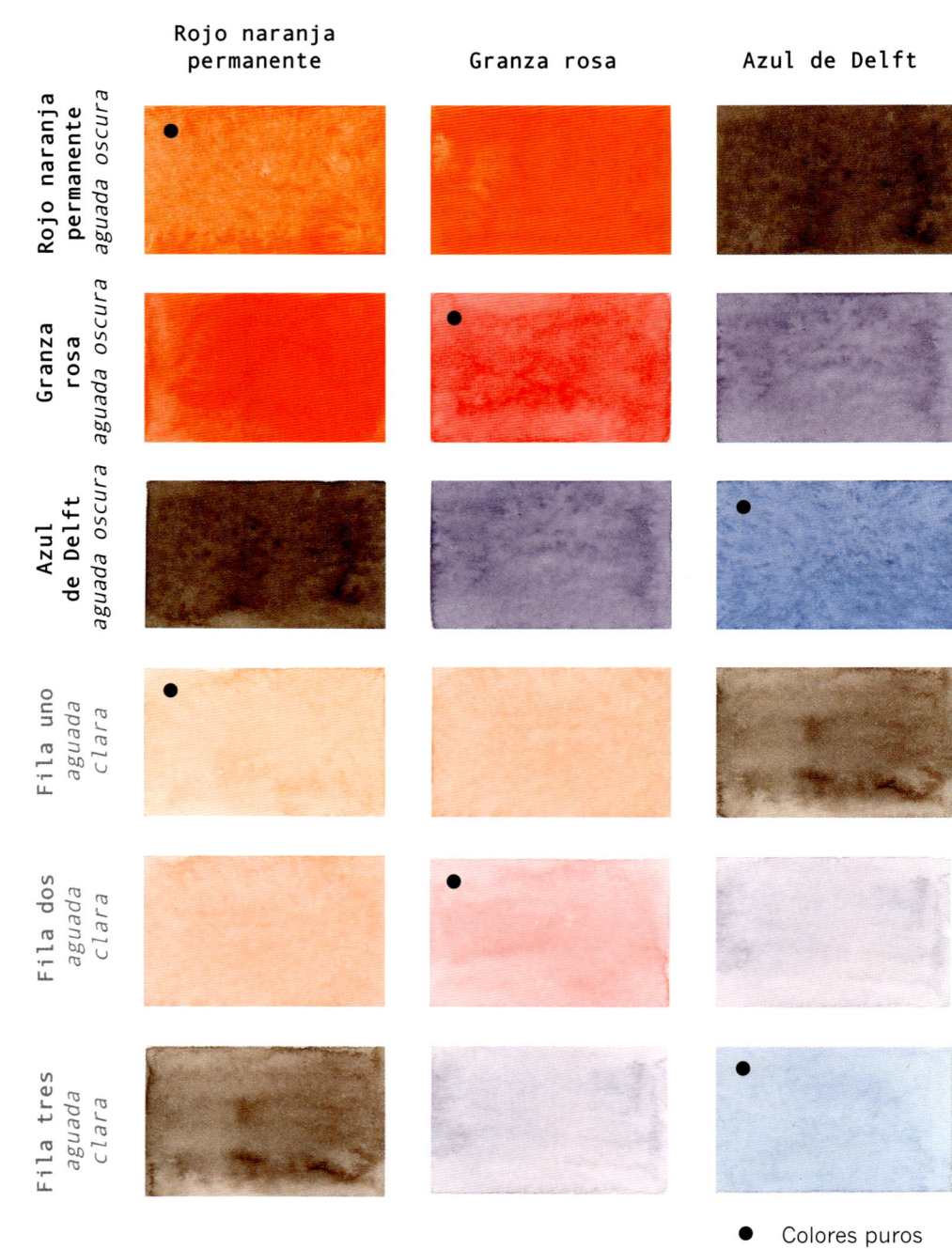

	Rojo naranja permanente	Granza rosa	Azul de Delft
Rojo naranja permanente *aguada oscura*			
Granza rosa *aguada oscura*			
Azul de Delft *aguada oscura*			
Fila uno *aguada clara*			
Fila dos *aguada clara*			
Fila tres *aguada clara*			

● Colores puros

Los proyectos

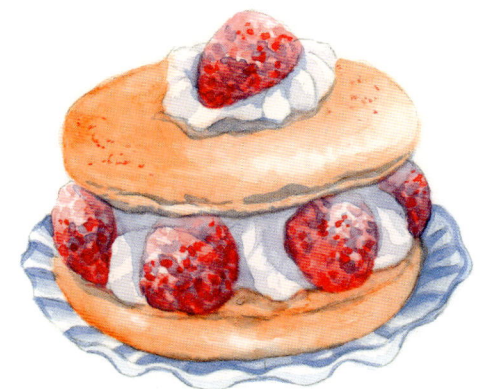

1. REPOSTERÍA

2. GRANADA

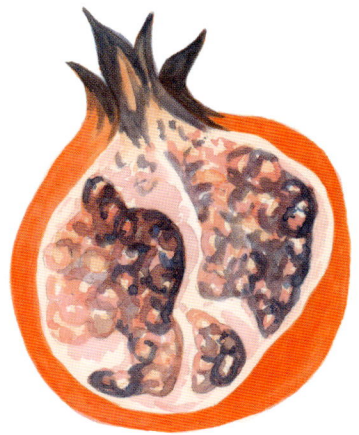

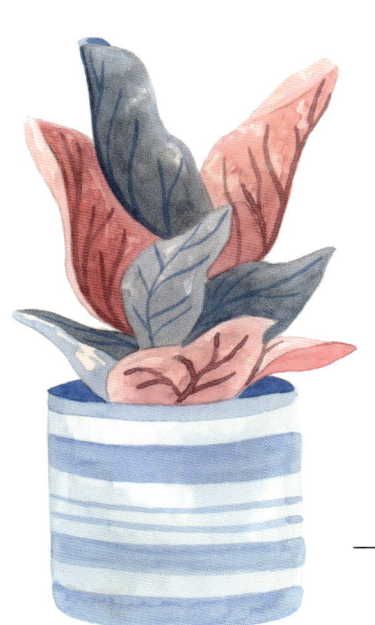

3. PLANTA EN MACETA

PROYECTO

1

Repostería

Cree un postre digno de *El Gran Hotel Budapest* de Wes Anderson con encantadores tonos pastel, jugosas frambuesas y mucho estilo.

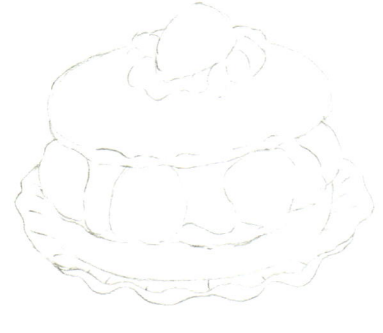

1

Para empezar, haga un sencillo dibujo a lápiz.

Aplique una ligera aguada clara de los tres colores.

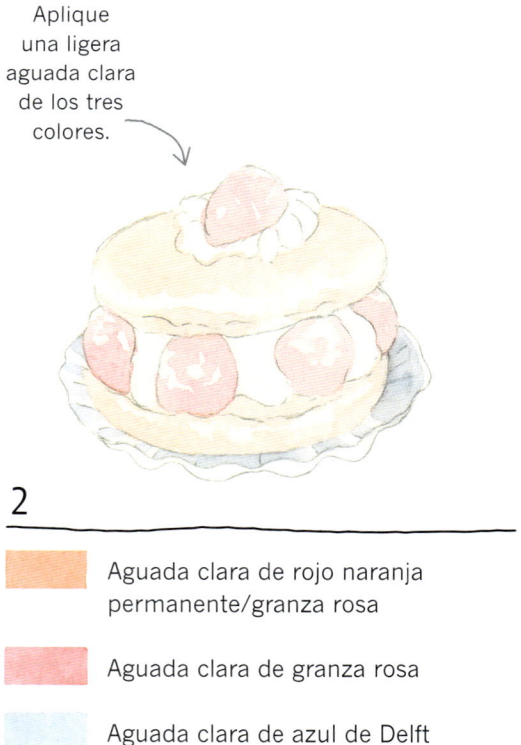

2

Aguada clara de rojo naranja permanente/granza rosa

Aguada clara de granza rosa

Aguada clara de azul de Delft

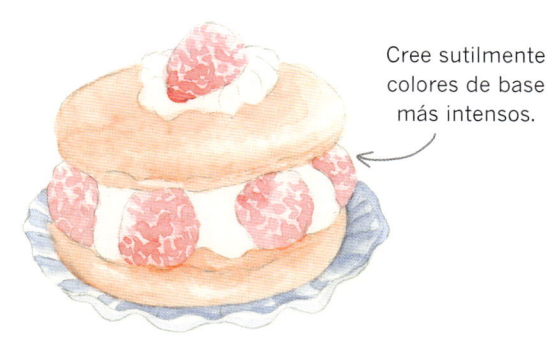

Cree sutilmente
colores de base
más intensos.

Sombree
la fruta y la
nata y deles
profundidad.

3

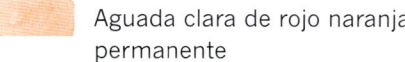
Aguada clara de rojo naranja
permanente

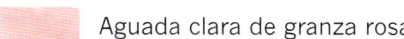
Aguada clara de granza rosa

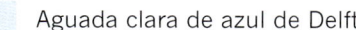
Aguada clara de azul de Delft

4

Aguada oscura de granza rosa/azul de Delft

Aguada clara de granza rosa/azul de Delft

Dé profundidad
a las sombras y rosee
las frambuesas.

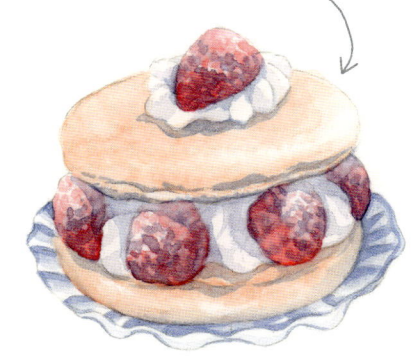

Aplique una aguada más oscura
para dar más profundidad,
creando una mayor sensación
de tridimensionalidad.

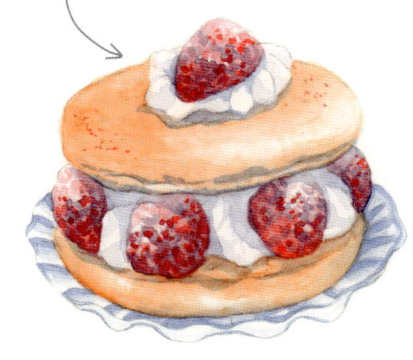

5

Aguada clara de granza rosa

Aguada oscura de azul de Delft

6

Aguada oscura de granza rosa

Aguada oscura de rojo naranja
permanente

2

Granada

La granada, que recuerda a una auténtica joya, es la reina del frutero. Utilice la paleta de tres colores para crear una tentadora fruta de carne sutil y granos jugosos de color vivo.

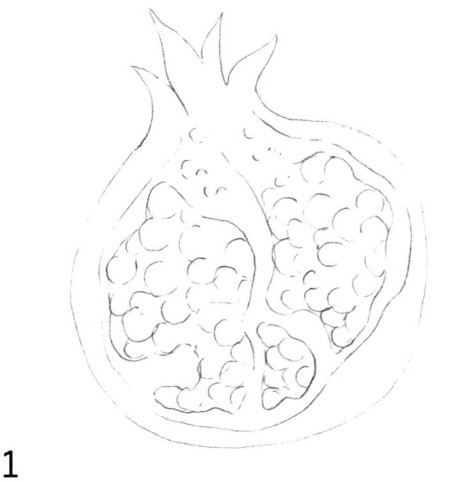

1

Para empezar, haga un sencillo dibujo a lápiz.

Aplique una aguada ligera en toda la fruta.

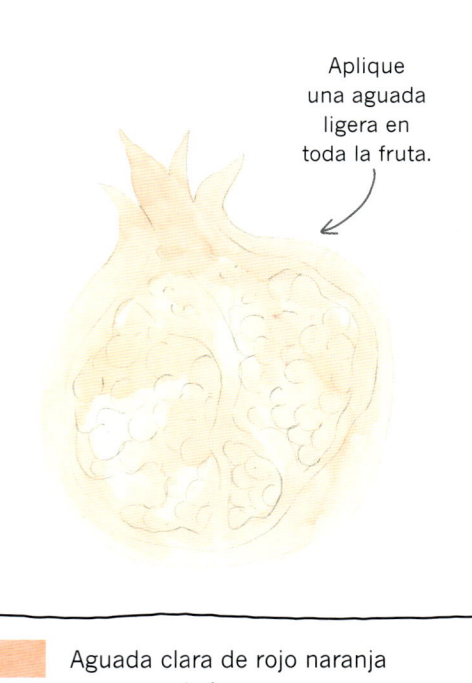

2

Aguada clara de rojo naranja permanente/granza rosa

Aplique una aguada oscura de naranja a la piel.

Una aguada clara de naranja da profundidad a la carne del interior.

Aplique aguadas de marrón y púrpura en la parte superior de la fruta para expresar un cambio de color y las sombras.

Cree las sombras que rodean las semillas con una aguada de púrpura.

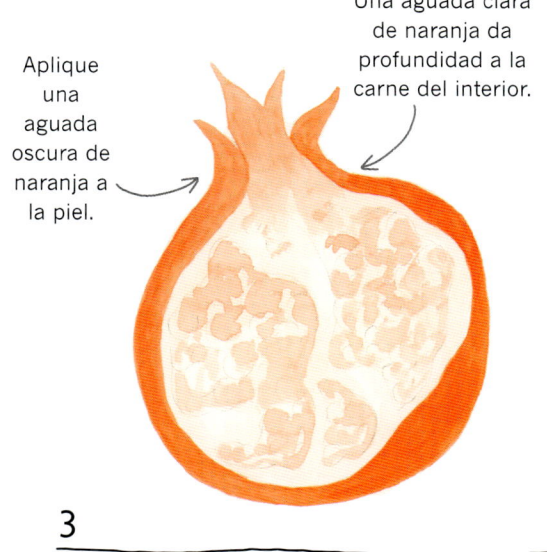

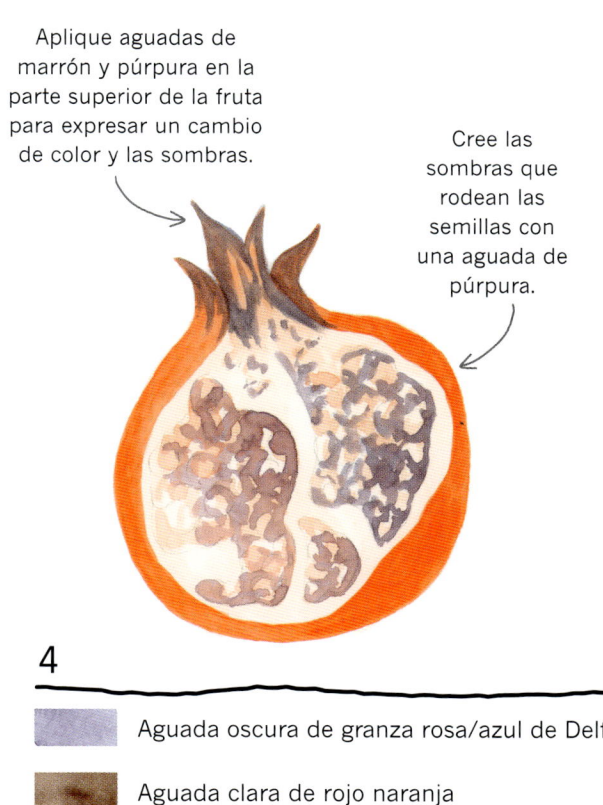

3

Aguada oscura de granza rosa/rojo naranja permanente

Aguada clara de rojo naranja permanente

4

Aguada oscura de granza rosa/azul de Delft

Aguada clara de rojo naranja permanente/azul de Delft

Añada una aguada clara de rosa para dar profundidad a la carne y las semillas.

Aplique una aguada de púrpura para crear sombras e intensidad.

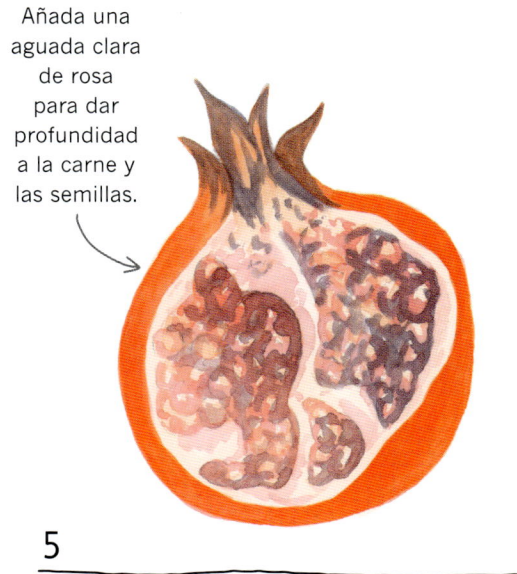

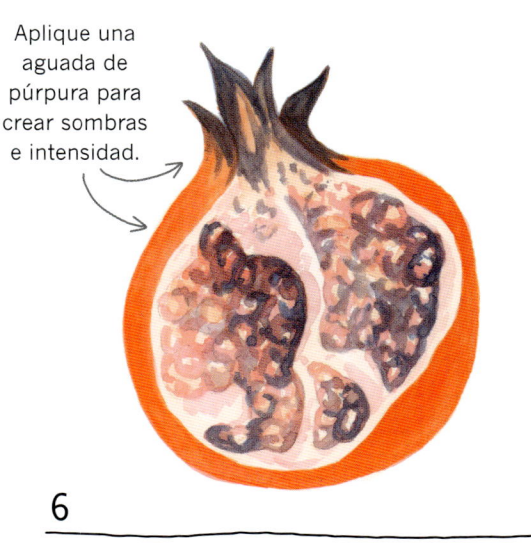

5

Aguada clara de granza rosa

6

Aguada oscura de granza rosa/ azul de Delft

PROYECTO 3

Planta en maceta

¿Tiene una jungla exuberante en casa, o tal vez tiene remordimientos de conciencia por una planta que languidece? Sea como fuere, seguro que va a procurar todos los mimos a este ejemplar. Los tonos oníricos y relajantes son la clave.

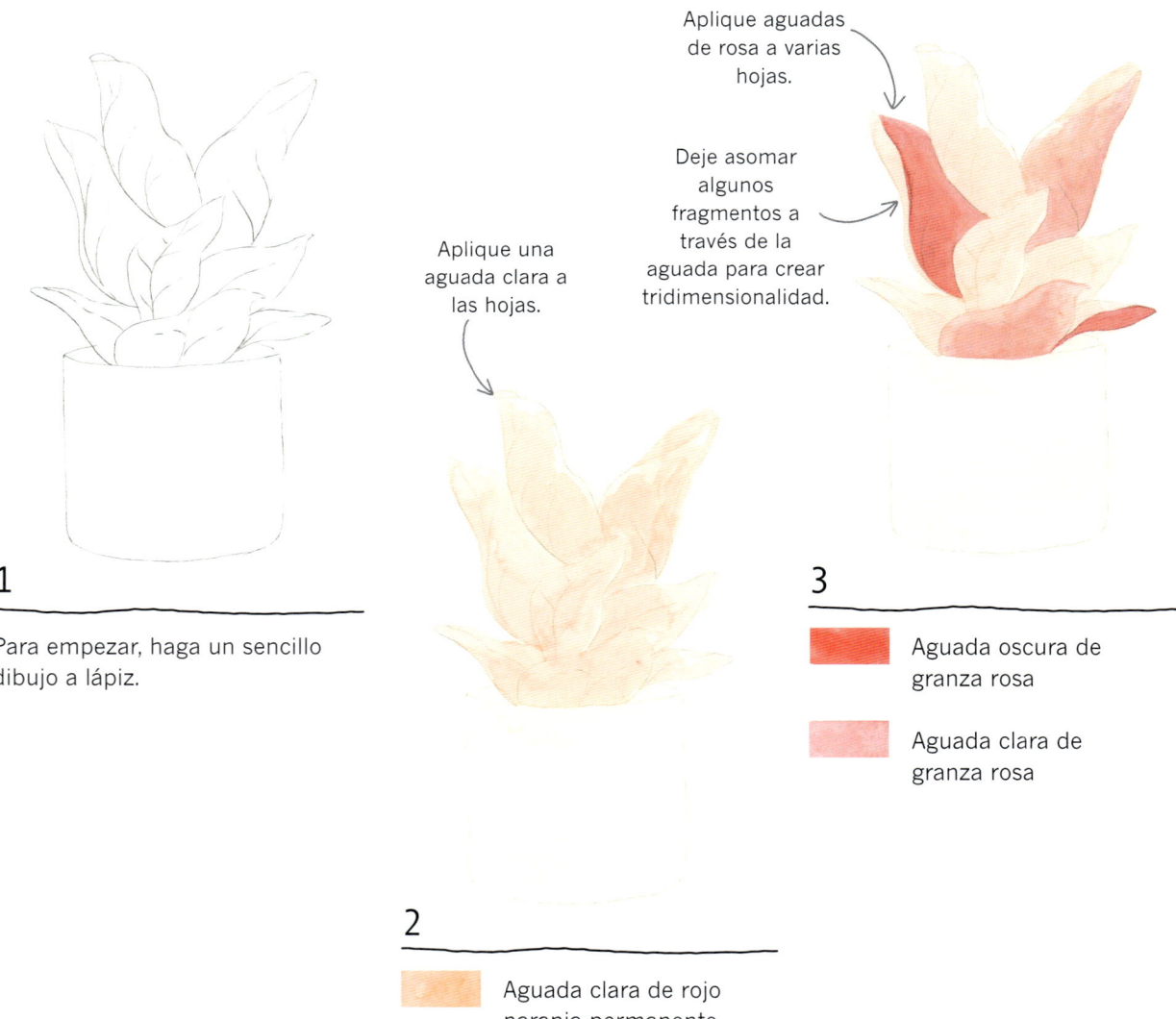

Aplique aguadas de rosa a varias hojas.

Deje asomar algunos fragmentos a través de la aguada para crear tridimensionalidad.

Aplique una aguada clara a las hojas.

1

Para empezar, haga un sencillo dibujo a lápiz.

3

Aguada oscura de granza rosa

Aguada clara de granza rosa

2

Aguada clara de rojo naranja permanente

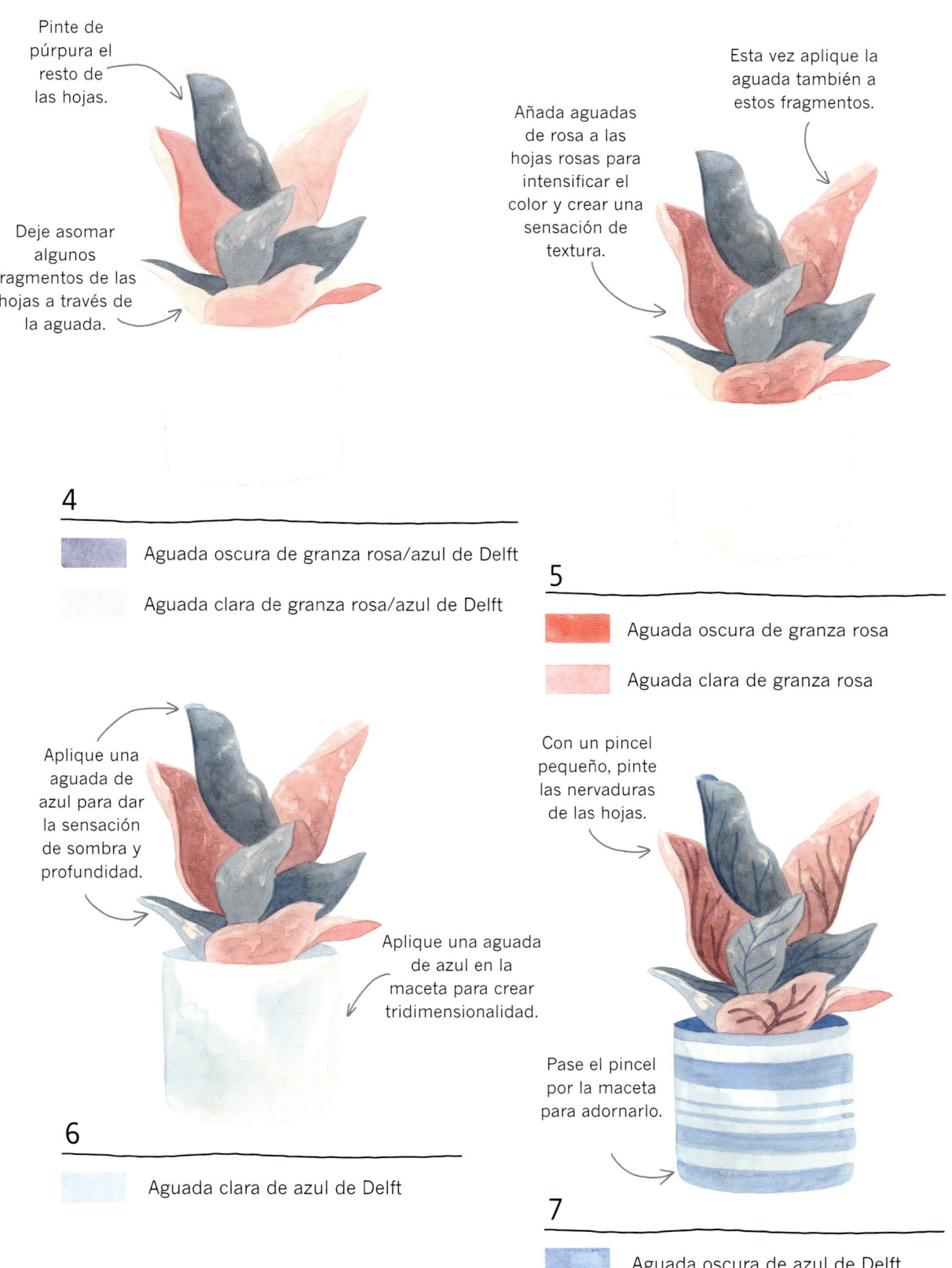

Pinte de púrpura el resto de las hojas.

Deje asomar algunos fragmentos de las hojas a través de la aguada.

Añada aguadas de rosa a las hojas rosas para intensificar el color y crear una sensación de textura.

Esta vez aplique la aguada también a estos fragmentos.

4

Aguada oscura de granza rosa/azul de Delft

Aguada clara de granza rosa/azul de Delft

5

Aguada oscura de granza rosa

Aguada clara de granza rosa

Aplique una aguada de azul para dar la sensación de sombra y profundidad.

Aplique una aguada de azul en la maceta para crear tridimensionalidad.

Con un pincel pequeño, pinte las nervaduras de las hojas.

Pase el pincel por la maceta para adornarlo.

6

Aguada clara de azul de Delft

7

Aguada oscura de azul de Delft

Espíritu playero

Esta paleta de tres colores presenta tonos bañados por el sol y azules relajantes, colores que evocan las vacaciones y la felicidad. Es una combinación versátil y llena de vida.

LOS COLORES

Azul manganoso

Rojo naranja permanente

Amarillo de Nápoles

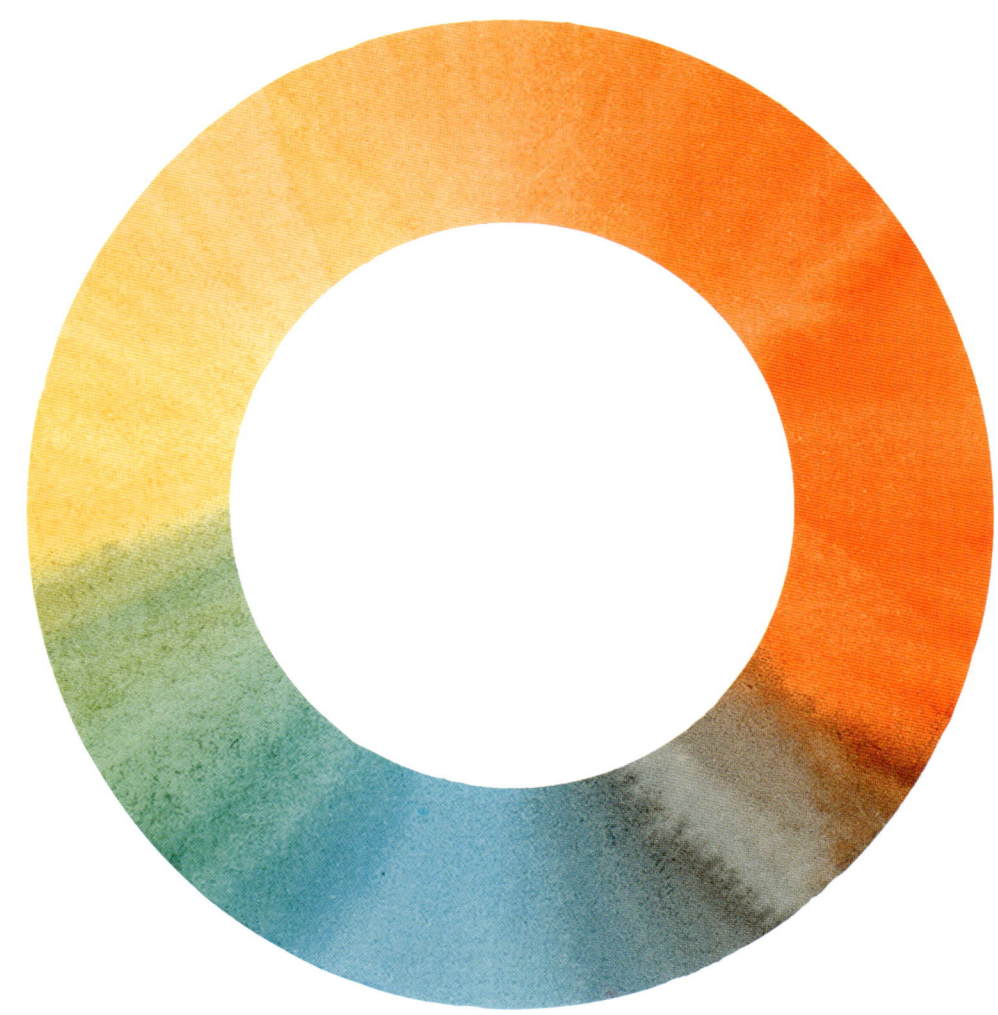

Mezcla

Aquí se muestra un sencillo círculo cromático en el que los tres colores se fusionan con los que tienen al lado. En la página siguiente encontrará una carta que ilustra la interacción mutua de los colores.

CARTA DE COLORES

Cada color se muestra en dos intensidades: una aguada oscura y una aguada clara. Véase la pág. 19 para obtener más información sobre las aguadas.

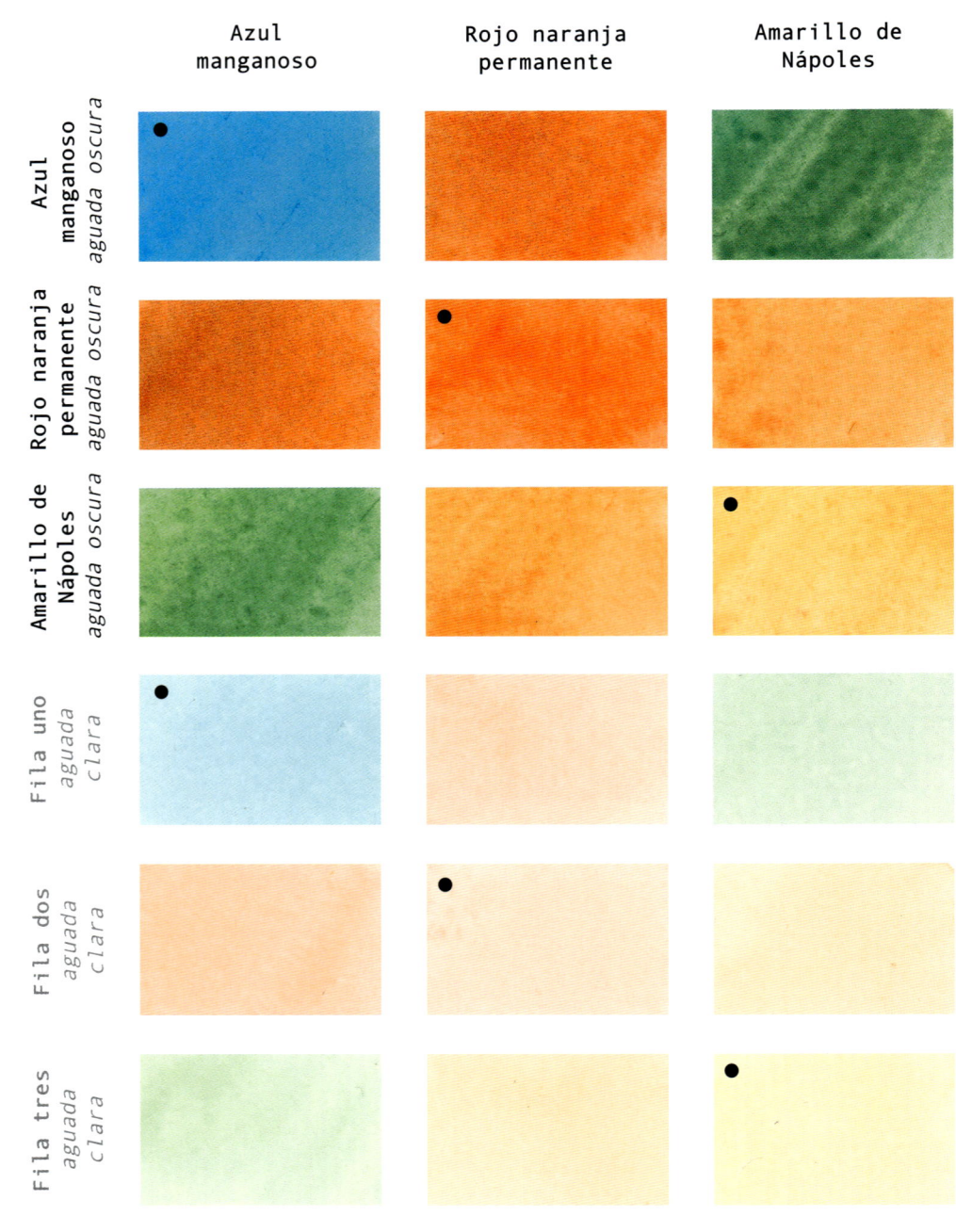

	Azul manganoso	Rojo naranja permanente	Amarillo de Nápoles
Azul manganoso *aguada oscura*			
Rojo naranja permanente *aguada oscura*			
Amarillo de Nápoles *aguada oscura*			
Fila uno *aguada clara*			
Fila dos *aguada clara*			
Fila tres *aguada clara*			

● Colores puros

Los proyectos

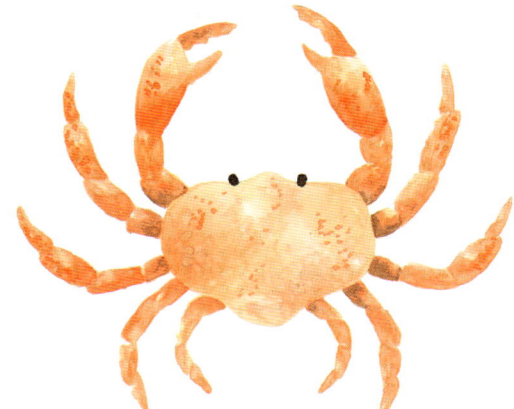

1. CANGREJO
———————————————

2. HORA DEL CÓCTEL
———————————————

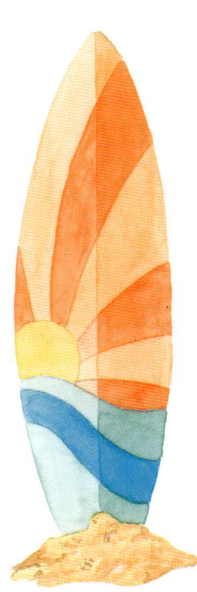

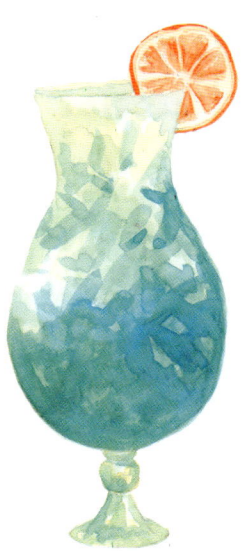

3. A SURFEAR
———————————————

PROYECTO

1

Cangrejo

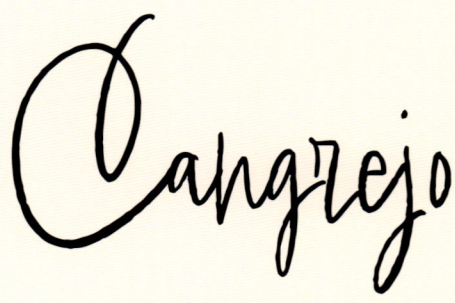

Tanto si los crustáceos le recuerdan las largas tardes de playa entre las rocas como los restaurantes a la orilla del mar (¡chis!), no puede negarse la belleza de su reluciente caparazón naranja.

Aplique una aguada de amarillo para la base.

1

Para empezar, haga un sencillo dibujo a lápiz.

2

Aguada clara de amarillo de Nápoles

Aplique una aguada clara de naranja para crear profundidad.

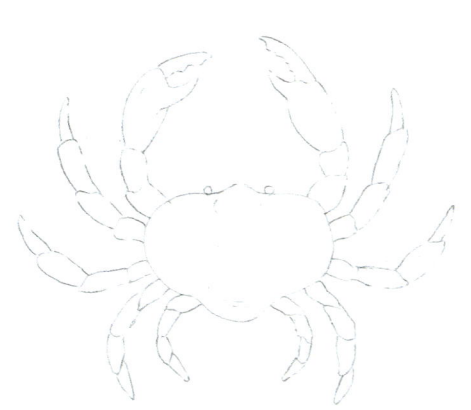

Sugerencia

Con la mezcla de los tres colores de esta paleta obtendrá marrón. Si prefiere que quede más claro, cargue menos pigmento en el pincel.

3

Aguada clara de rojo naranja permanente/azul manganoso

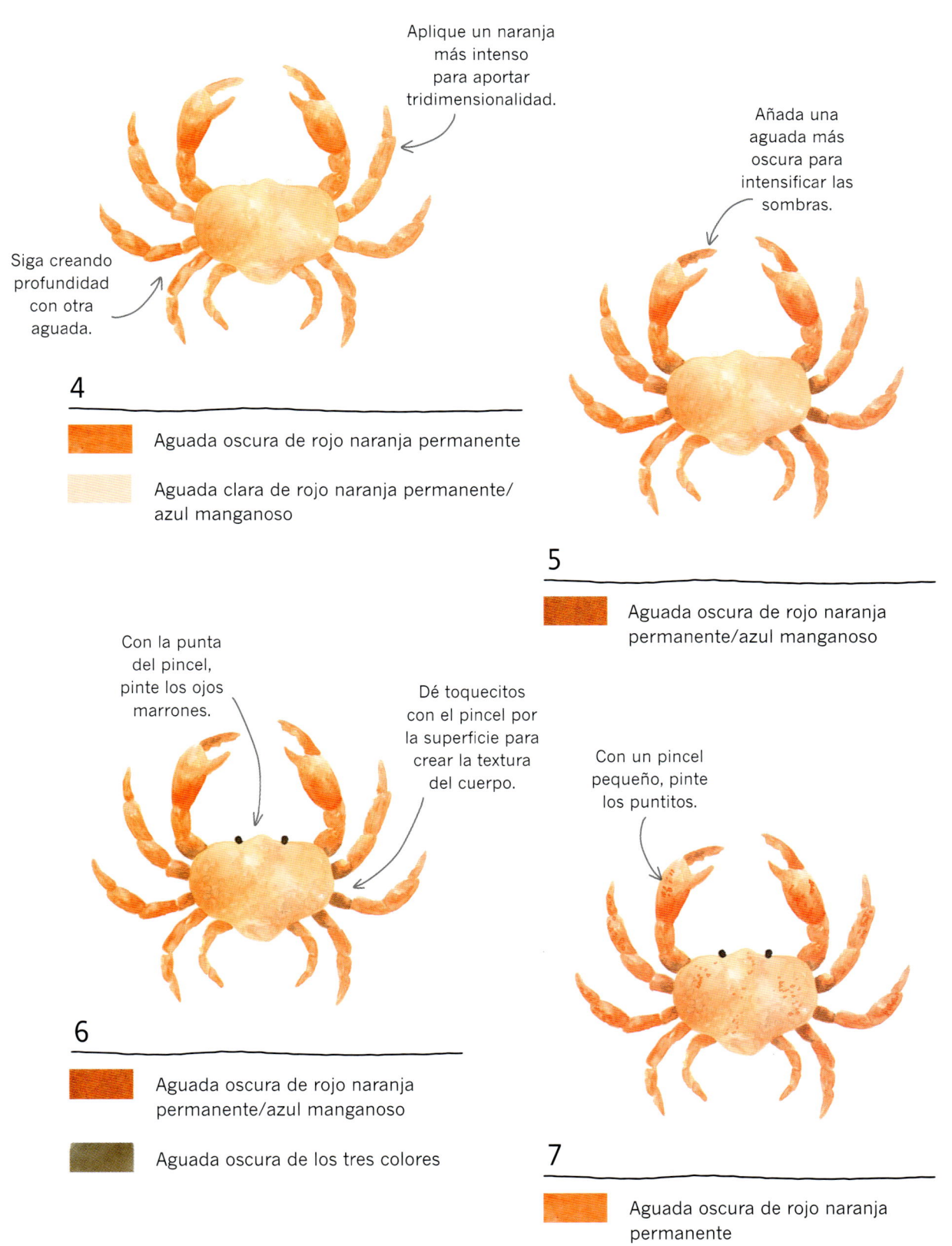

Aplique un naranja más intenso para aportar tridimensionalidad.

Añada una aguada más oscura para intensificar las sombras.

Siga creando profundidad con otra aguada.

4

■ Aguada oscura de rojo naranja permanente

■ Aguada clara de rojo naranja permanente/ azul manganoso

5

■ Aguada oscura de rojo naranja permanente/azul manganoso

Con la punta del pincel, pinte los ojos marrones.

Dé toquecitos con el pincel por la superficie para crear la textura del cuerpo.

Con un pincel pequeño, pinte los puntitos.

6

■ Aguada oscura de rojo naranja permanente/azul manganoso

■ Aguada oscura de los tres colores

7

■ Aguada oscura de rojo naranja permanente

PROYECTO

2 | *Hora del cóctel*

En la piscina o en la ciudad, con o sin alcohol: este proyecto es un regalo para el final de una jornada bajo el sol. La intensidad del azul combinada con una llamativa rodaja de naranja... ¡Vamos, tome un sorbo!

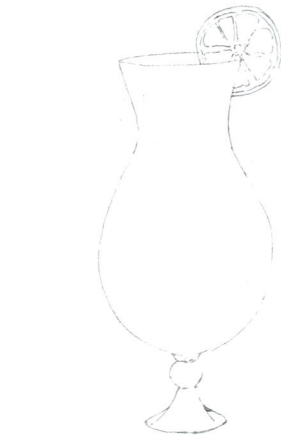

1

Para empezar, haga un sencillo dibujo a lápiz.

Cree una base para el naranja.

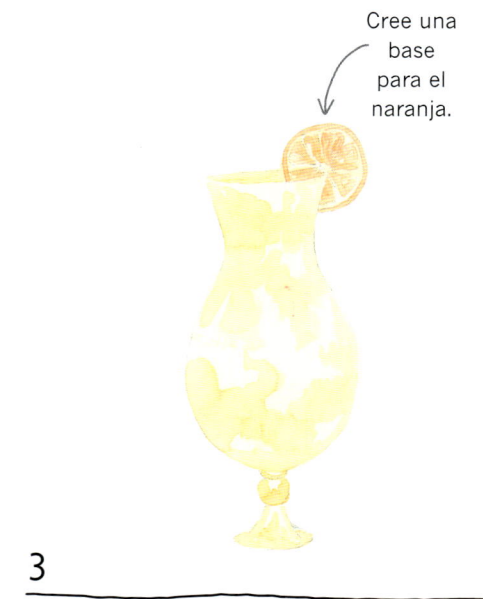

3

Aguada clara de rojo naranja permanente

Aplique una aguada clara, dejando algunos retazos de espacio negativo.

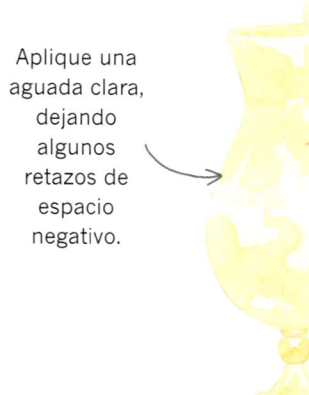

2

Aguada clara de amarillo de Nápoles

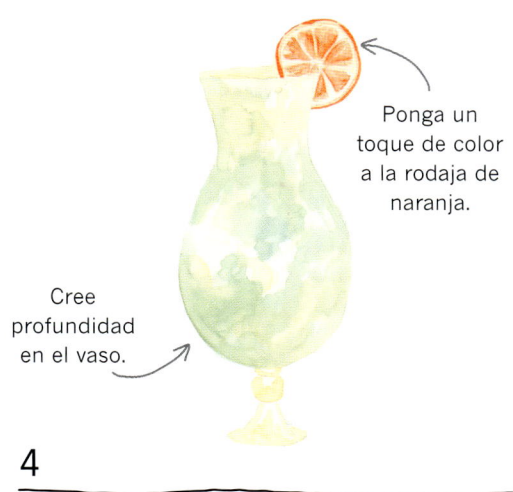

Ponga un toque de color a la rodaja de naranja.

Cree profundidad en el vaso.

4

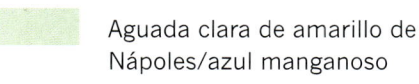
Aguada clara de amarillo de Nápoles/azul manganoso

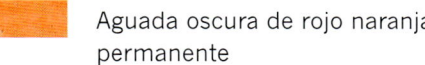
Aguada oscura de rojo naranja permanente

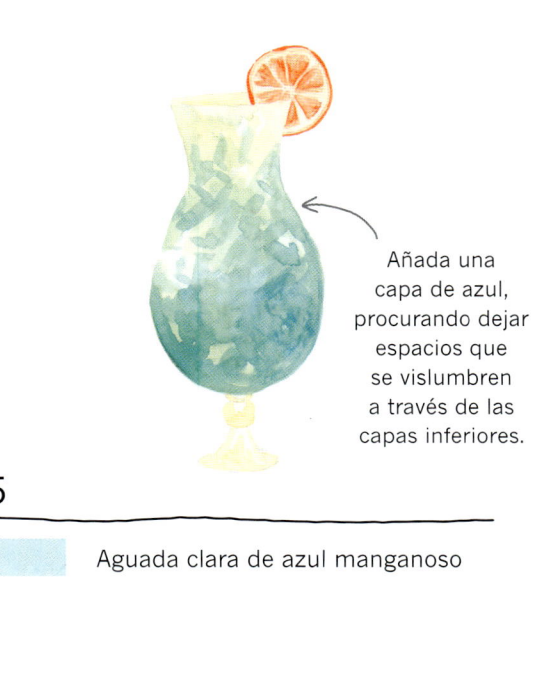

Añada una capa de azul, procurando dejar espacios que se vislumbren a través de las capas inferiores.

5

Aguada clara de azul manganoso

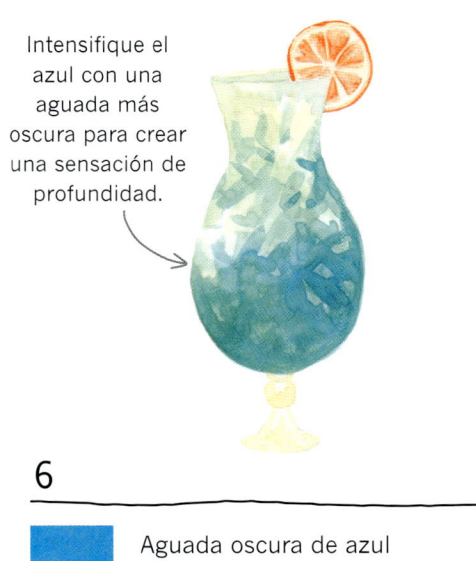

Intensifique el azul con una aguada más oscura para crear una sensación de profundidad.

6

Aguada oscura de azul manganoso

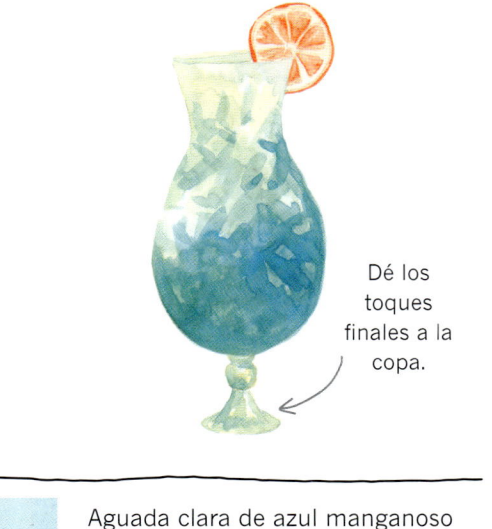

Dé los toques finales a la copa.

7

Aguada clara de azul manganoso

A surfear

Este proyecto es un compendio del espíritu playero. Cree su propia tabla de surf con una paleta de tres colores. Como dice un proverbio hawaiano: «No puedes parar las olas, pero puedes aprender a surfear».

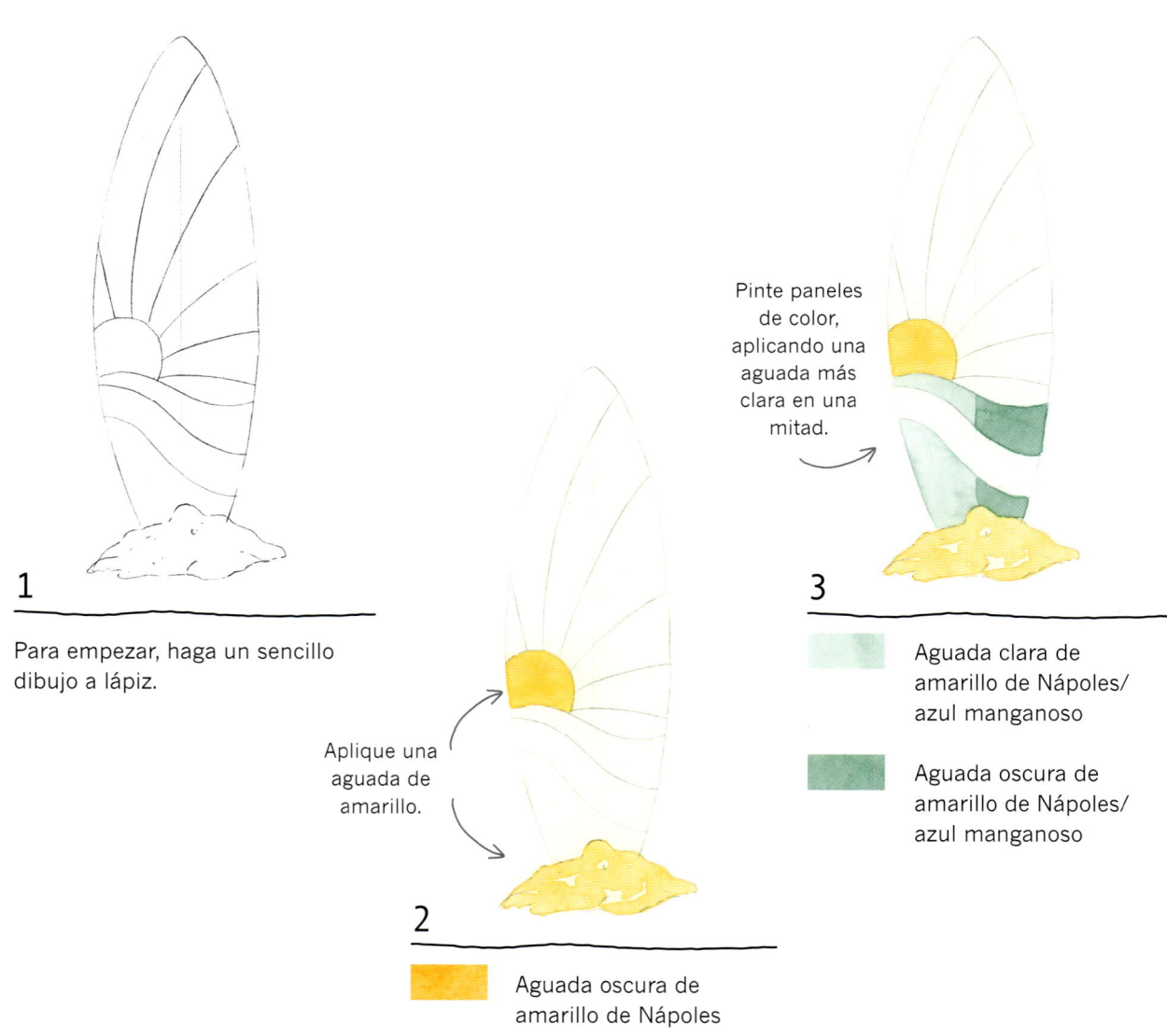

1

Para empezar, haga un sencillo dibujo a lápiz.

Aplique una aguada de amarillo.

2

Aguada oscura de amarillo de Nápoles

Pinte paneles de color, aplicando una aguada más clara en una mitad.

3

Aguada clara de amarillo de Nápoles/ azul manganoso

Aguada oscura de amarillo de Nápoles/ azul manganoso

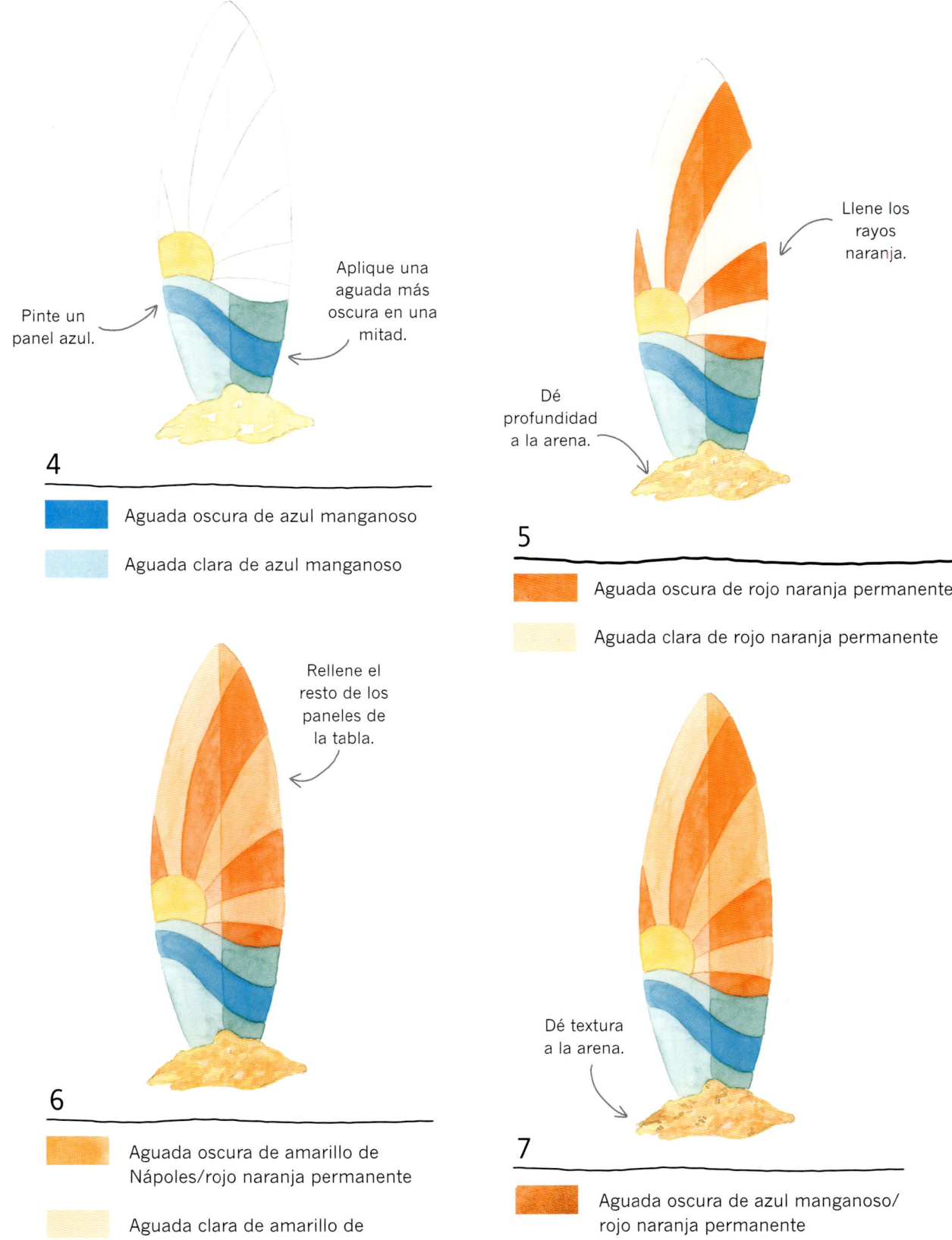

Pinte un panel azul.

Aplique una aguada más oscura en una mitad.

4

Aguada oscura de azul manganoso

Aguada clara de azul manganoso

Llene los rayos naranja.

Dé profundidad a la arena.

5

Aguada oscura de rojo naranja permanente

Aguada clara de rojo naranja permanente

Rellene el resto de los paneles de la tabla.

6

Aguada oscura de amarillo de Nápoles/rojo naranja permanente

Aguada clara de amarillo de Nápoles/rojo naranja permanente

Dé textura a la arena.

7

Aguada oscura de azul manganoso/ rojo naranja permanente

Serenidad escandinava

Esta paleta de tres colores es elegante, moderada y muy relajante. Presenta una combinación ideal para dar vida a los elementos naturales, y además constituye una fuente de inspiración inagotable.

LOS COLORES

Titanio beige

Rojo de Pompeya

Verde de perileno

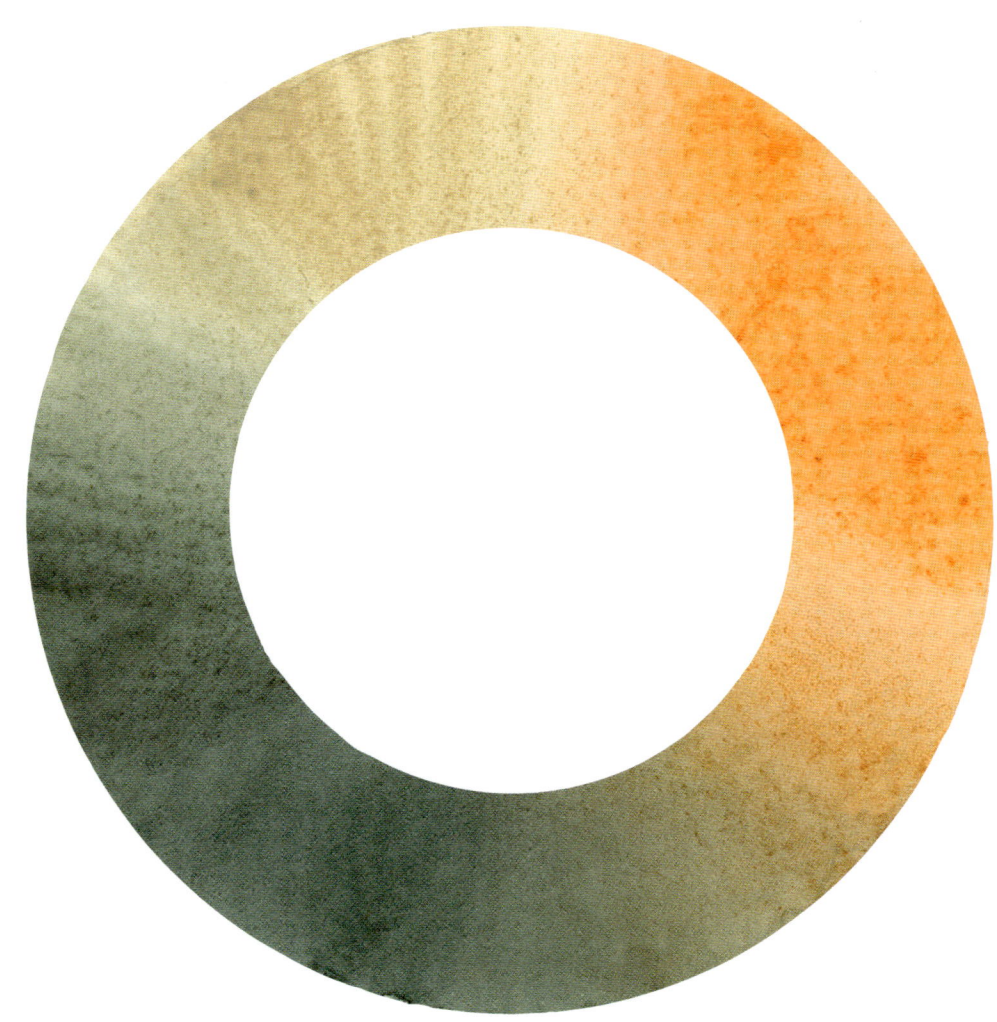

Mezcla

Aquí se muestra un sencillo círculo cromático en el que los tres colores se fusionan con los que tienen al lado. En la página siguiente encontrará una carta que ilustra la interacción mutua de los colores.

CARTA DE COLORES

Cada color se muestra en dos intensidades: una aguada oscura y una aguada clara. Véase la pág. 19 para obtener más información sobre las aguadas.

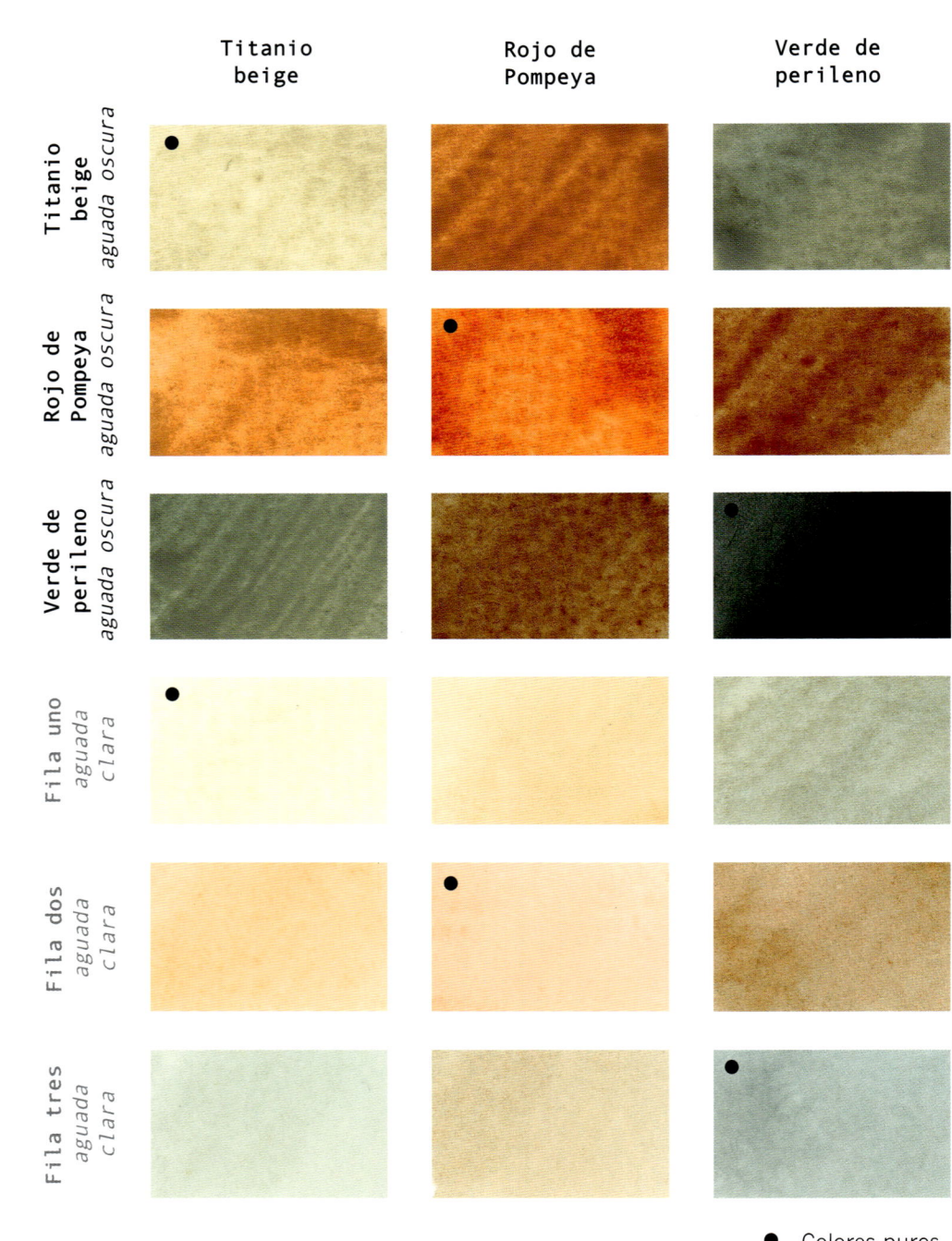

	Titanio beige	Rojo de Pompeya	Verde de perileno
Titanio beige *aguada oscura*	●		
Rojo de Pompeya *aguada oscura*		●	
Verde de perileno *aguada oscura*			●
Fila uno *aguada clara*	●		
Fila dos *aguada clara*		●	
Fila tres *aguada clara*			●

● Colores puros

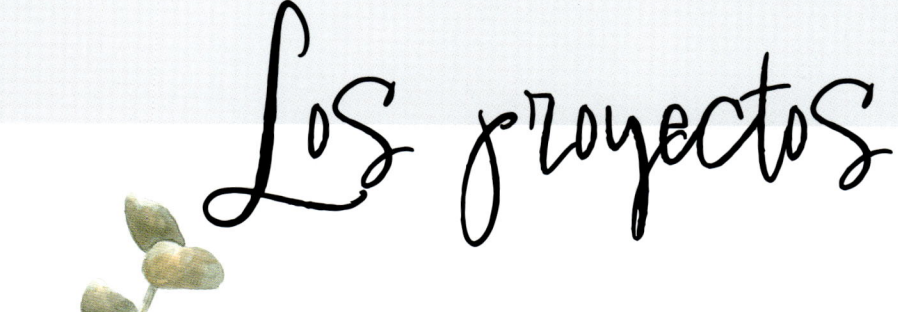

Los proyectos

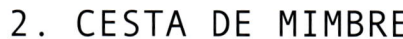

1. EUCALIPTO

2. CESTA DE MIMBRE

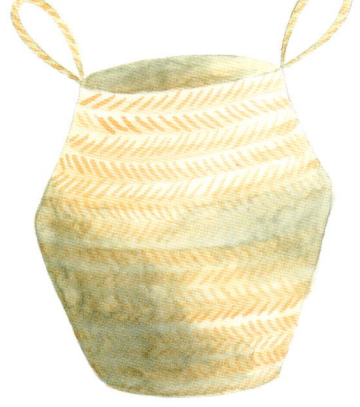

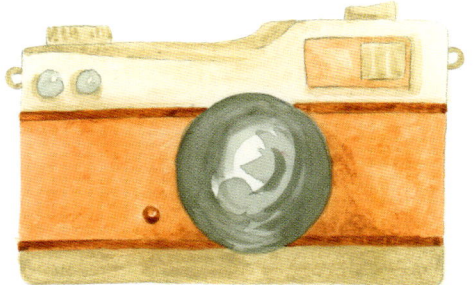

3. TIEMPO DE FOTOS

Eucalipto

Si el mindfulness fuera una planta, sería el eucalipto. Encuentre su calma interior pintando las hojas verde plateado y notará los beneficios.

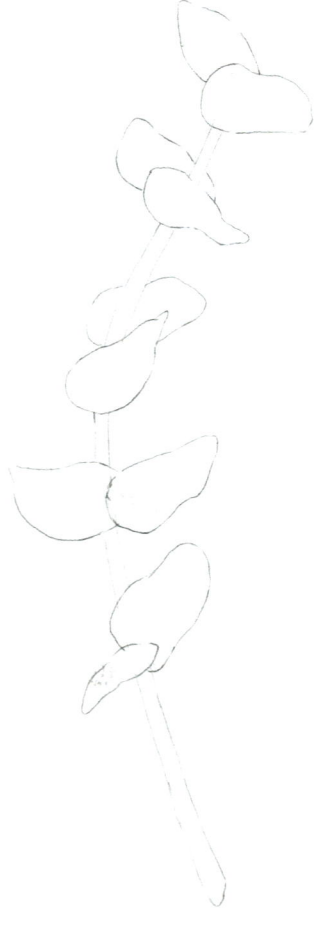

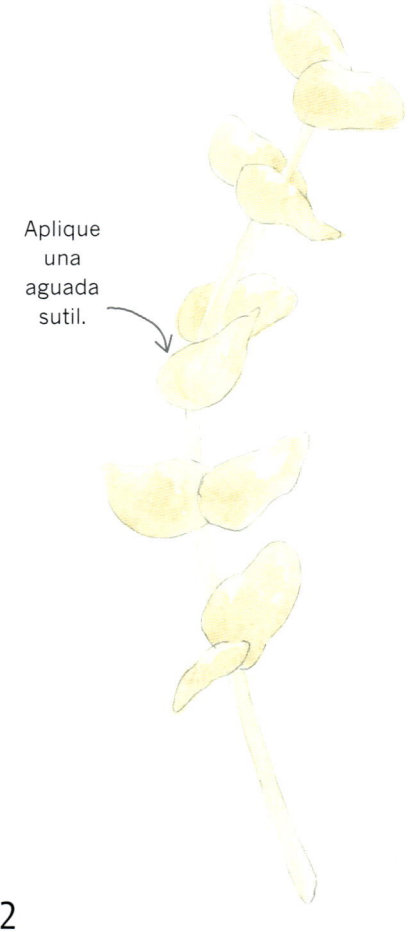

Aplique una aguada sutil.

1

Para empezar, haga un sencillo dibujo a lápiz.

2

Aguada clara de titanio beige/Rojo de Pompeya

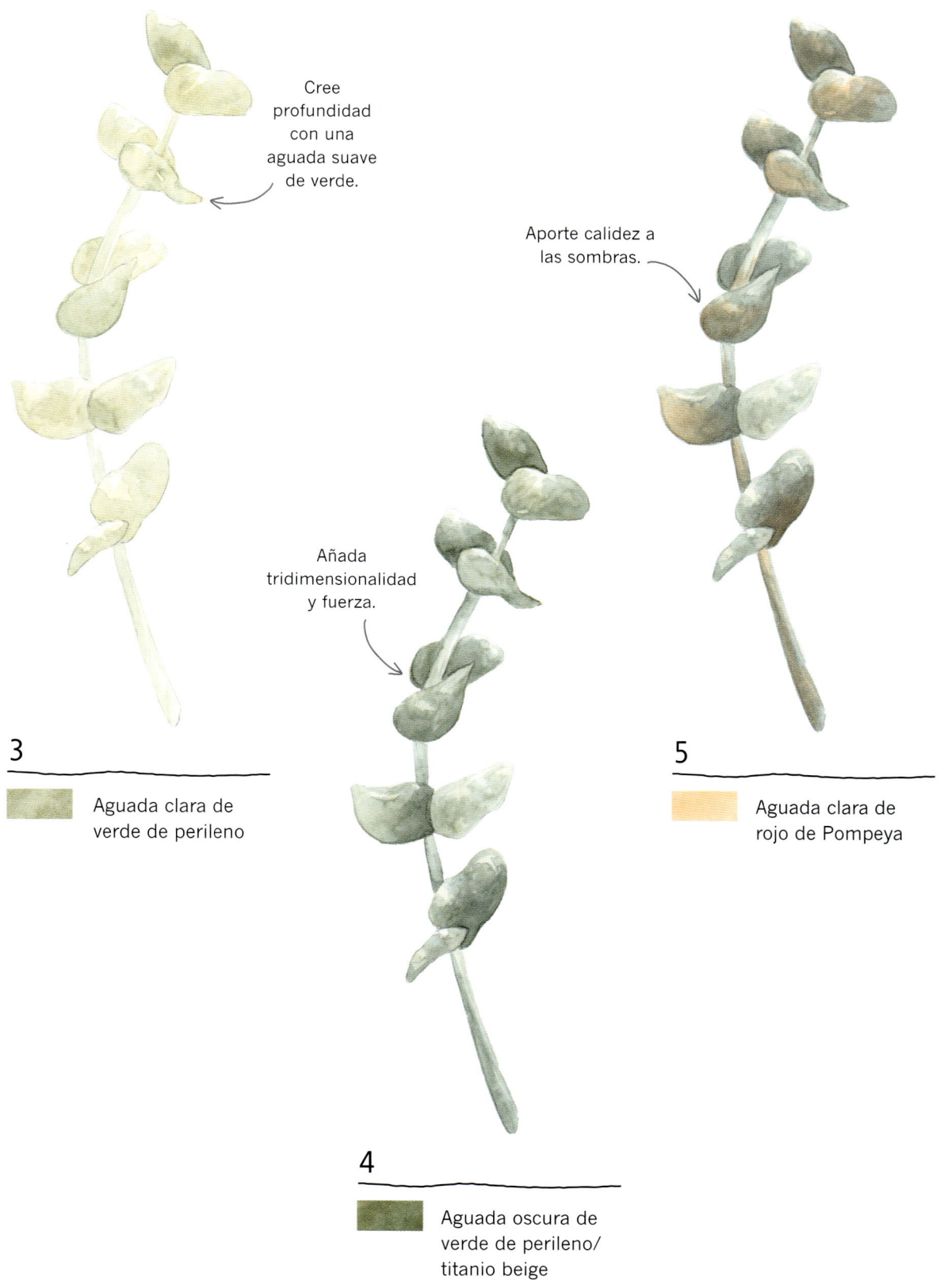

Cree profundidad con una aguada suave de verde.

Aporte calidez a las sombras.

Añada tridimensionalidad y fuerza.

3

Aguada clara de verde de perileno

4

Aguada oscura de verde de perileno/ titanio beige

5

Aguada clara de rojo de Pompeya

2 Cesta de mimbre

A veces, la clave es la sencillez: la luz del sol que se cuela por la ventana, una taza pesada de cerámica y una cesta de fibras vegetales en la esquina. Haga su propia obra con esta paleta de tres colores.

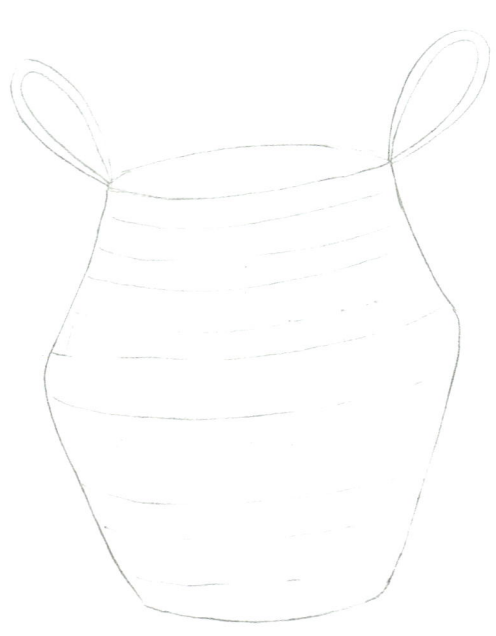

Cree zonas tenuemente sombreadas.

Aplique una aguada clara.

1

Para empezar, haga un sencillo dibujo a lápiz.

2

Aguada clara de titanio beige

Aguada clara de titanio beige/ verde de perileno

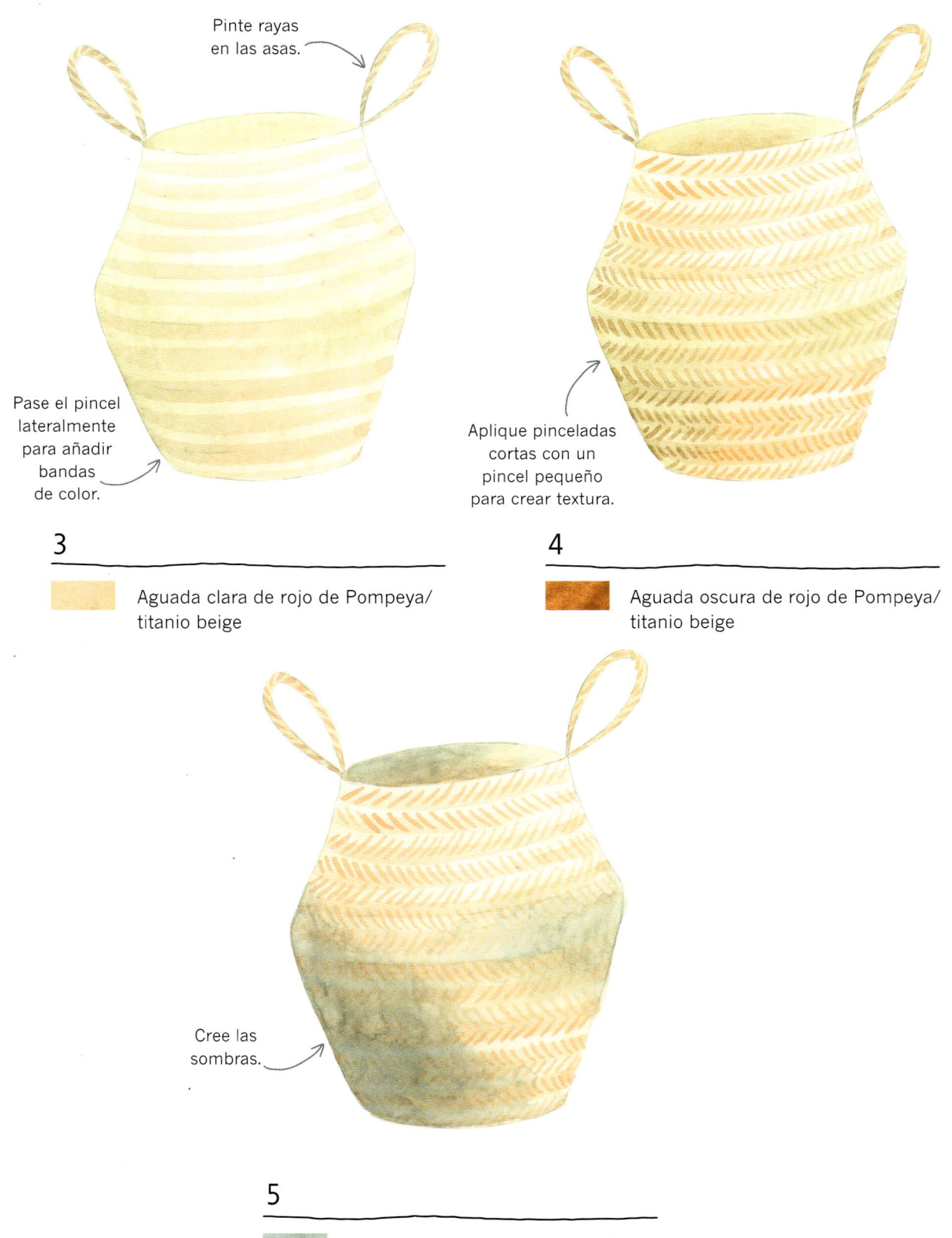

Pinte rayas
en las asas.

Pase el pincel
lateralmente
para añadir
bandas
de color.

Aplique pinceladas
cortas con un
pincel pequeño
para crear textura.

3

Aguada clara de rojo de Pompeya/
titanio beige

4

Aguada oscura de rojo de Pompeya/
titanio beige

Cree las
sombras.

5

Aguada clara de verde de perileno

PROYECTO

3

Tiempo de fotos

Hay algo de nostálgico en la estética retro de las cámaras antiguas. Cree la suya con una paleta de tres colores y observe la vida a través de su romántico objetivo.

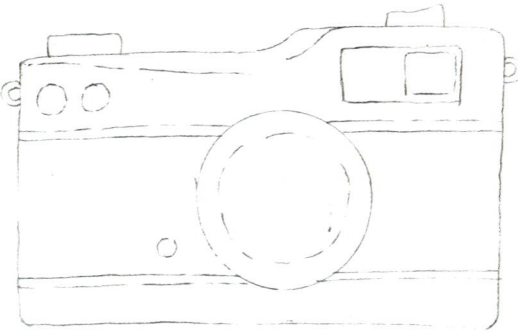

1

Para empezar, haga un sencillo dibujo a lápiz.

Aplique una aguada clara.

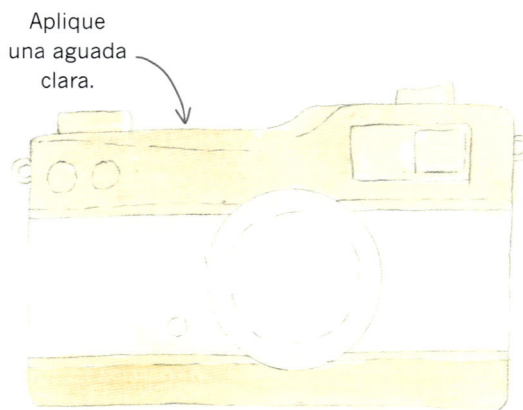

2

Aguada clara de titanio beige

Añada una aguada de rojo óxido.

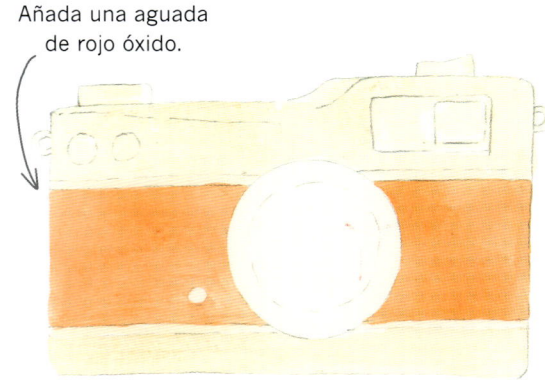

3

Aguada clara de rojo de Pompeya

Cree aguadas claras
y sombree para dar
tridimensionalidad.

Intensifique los rojos:
aplique una aguada
clara aquí y en el cuerpo
de cuero de la cámara.

Trace una línea en un
rojo más oscuro en
las partes superior e
inferior del cuero.

4

Aguada clara de rojo de Pompeya/
titanio beige

Aguada clara de rojo de Pompeya/
verde de perileno

5

Aguada clara de rojo de Pompeya

Aguada oscura de rojo de Pompeya

Utilice una ligera aguada
de verde para el objetivo
y los detalles.

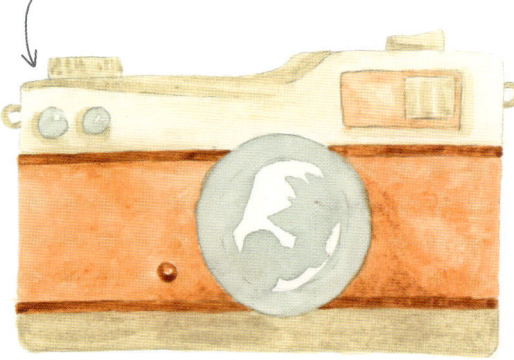

Intensifique el verde
del objetivo, dejando
espacio negativo
para el reflejo.

6

Aguada clara de verde de perileno

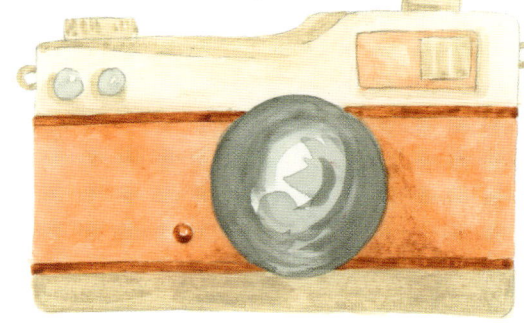

7

Aguada oscura de verde de perileno

Puro romanticismo

Esta paleta de tres colores habla de amor y celebración.
Rezuma optimismo y es romántica, pero aun así tiene
espíritu urbano. Evoca atardeceres y amaneceres
contemplados desde la azotea.

LOS COLORES

Ocre amarillo

Granza rosa

Gris de Payne

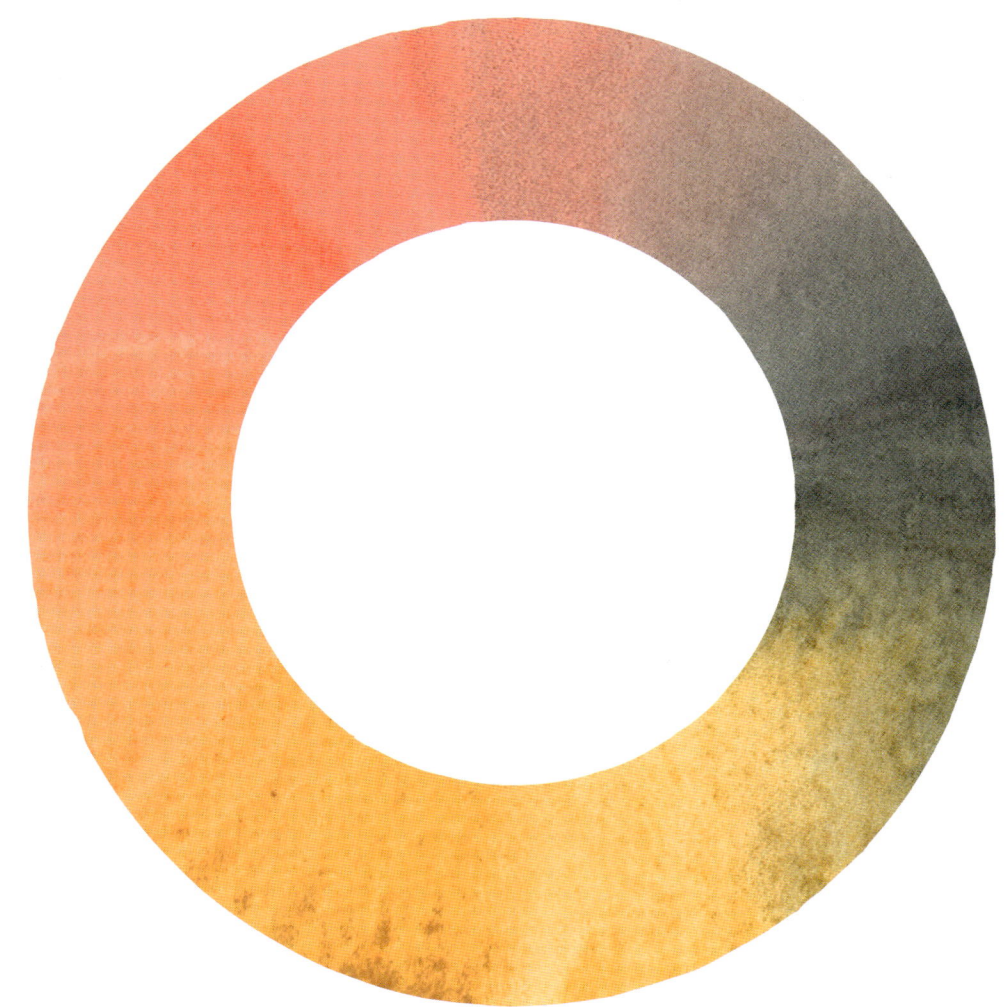

Mezcla

Aquí se muestra un sencillo círculo cromático en el que los tres colores se fusionan con los que tienen al lado. En la página siguiente encontrará una carta que ilustra la interacción mutua de los colores.

CARTA DE COLORES

Cada color se muestra en dos intensidades: una aguada oscura y una aguada clara. Véase la pág. 19 para obtener más información sobre las aguadas.

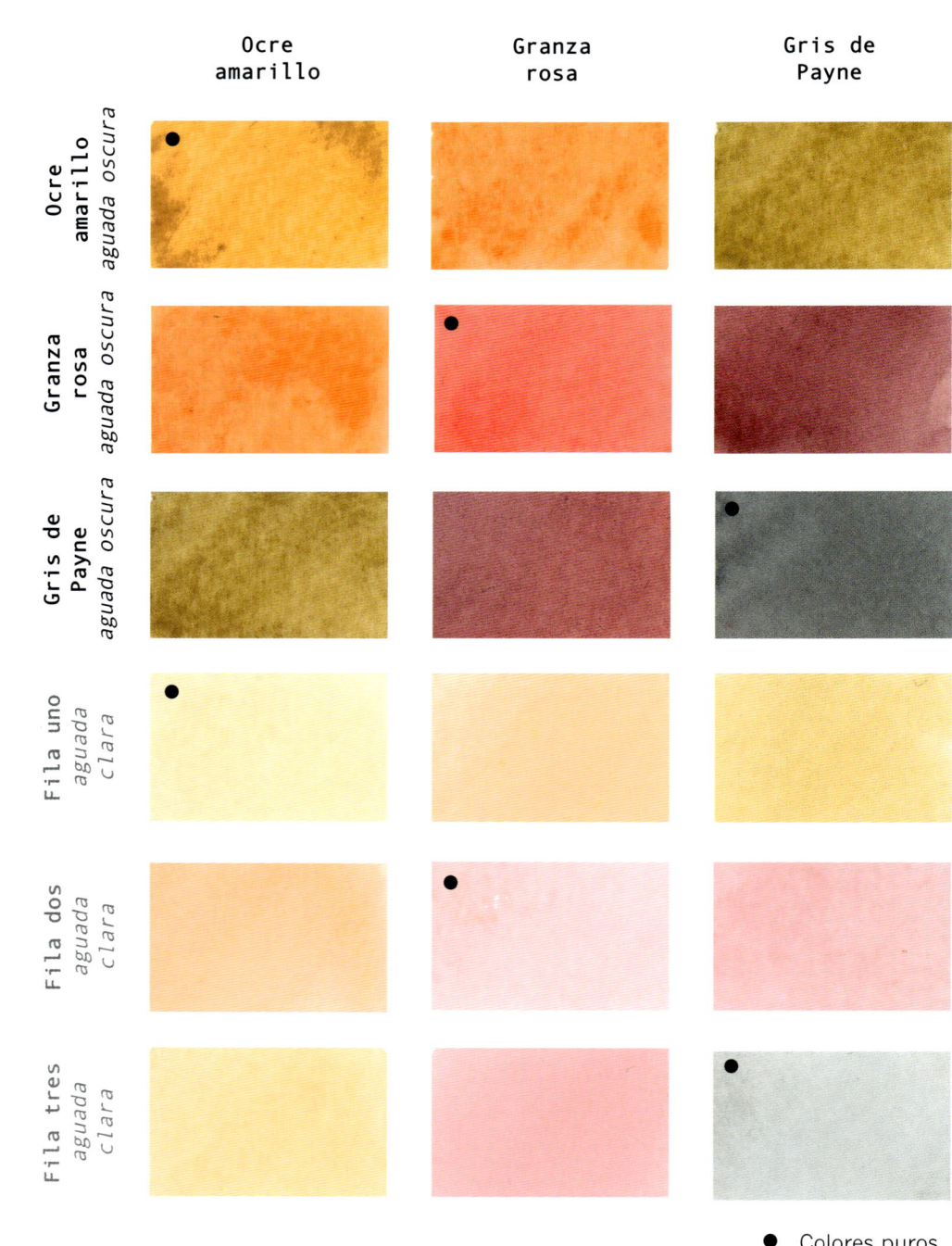

	Ocre amarillo	Granza rosa	Gris de Payne
Ocre amarillo *aguada oscura*			
Granza rosa *aguada oscura*			
Gris de Payne *aguada oscura*			
Fila uno *aguada clara*			
Fila dos *aguada clara*			
Fila tres *aguada clara*			

● Colores puros

Los proyectos

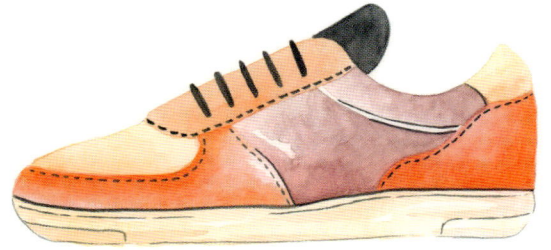

1. ZAPATILLA DE DEPORTE

2. FAROLILLO

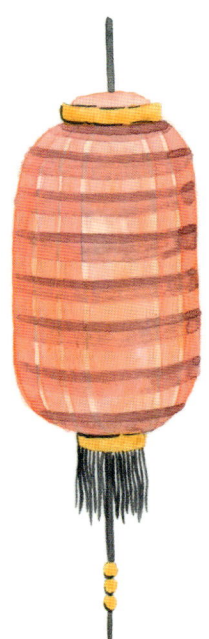

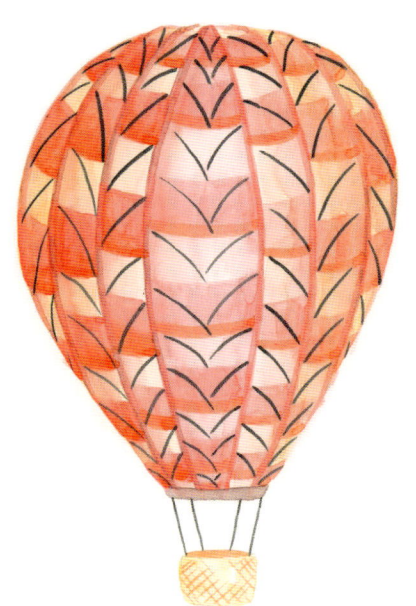

3. GLOBO AEROSTÁTICO

PROYECTO

1   *Zapatilla de deporte*

Ponga a prueba sus dotes de zapatero: aplique aguadas a los paneles de colores vivos de esta zapatilla y, a continuación, pinte los pespuntes y los detalles oscuros con la punta del pincel.

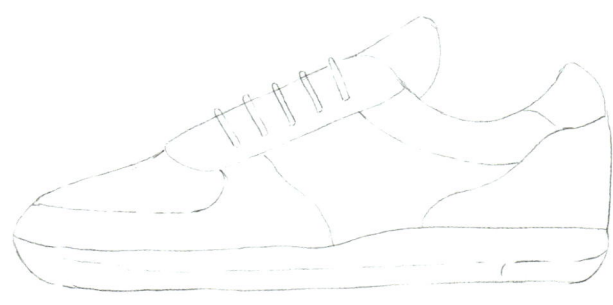

1

Para empezar, haga un sencillo dibujo a lápiz.

Aplique una aguada clara.

3

 Aguada clara de granza rosa/ gris de Payne

Aplique dos aguadas claras.

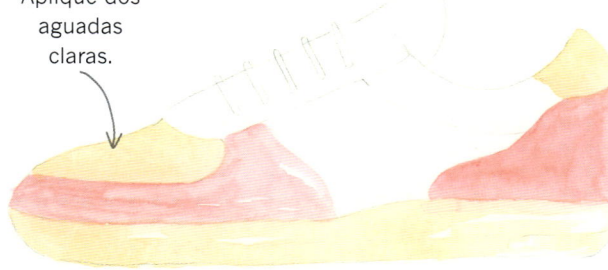

2

 Aguada clara de ocre amarillo

 Aguada clara de granza rosa

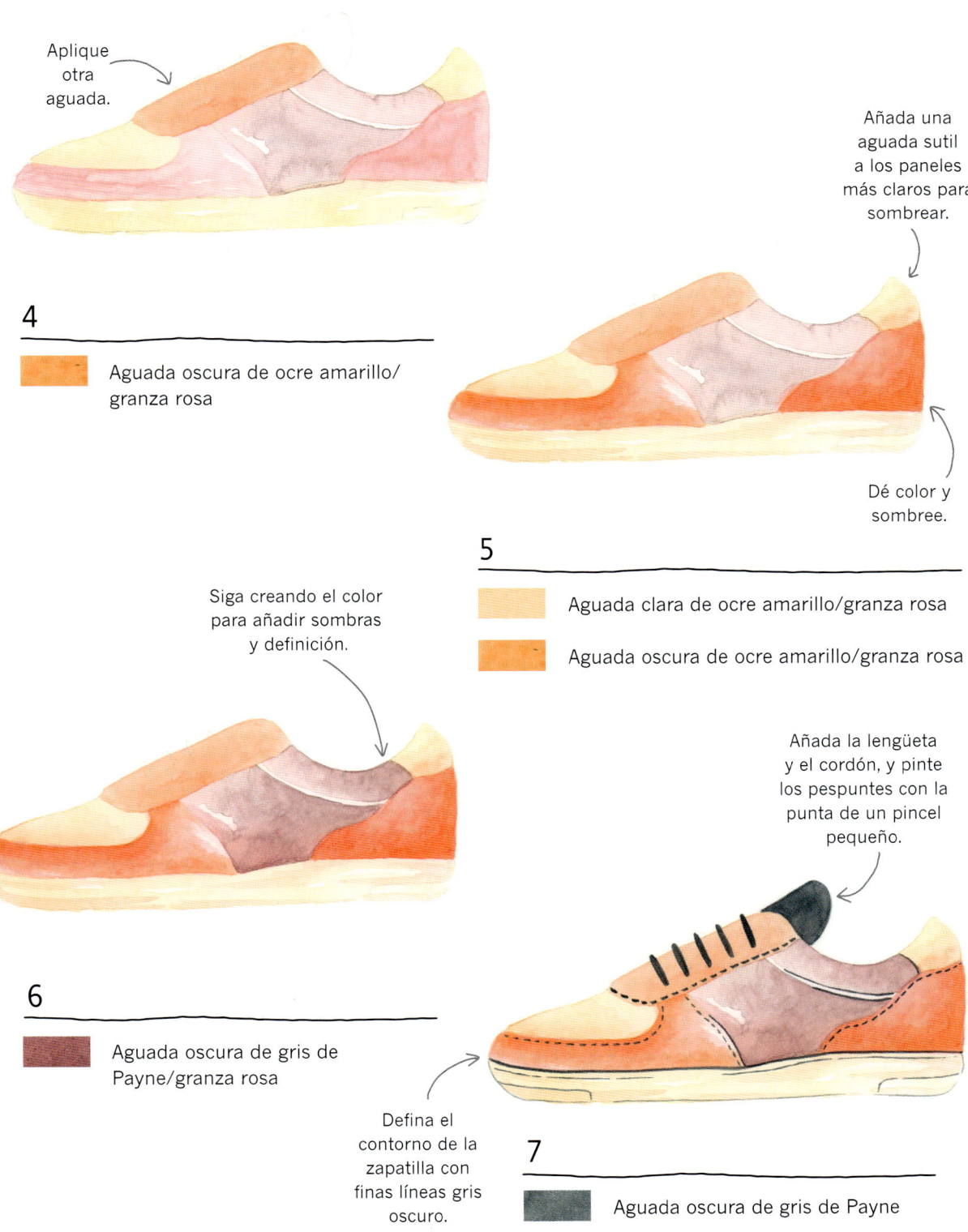

Aplique otra aguada.

Añada una aguada sutil a los paneles más claros para sombrear.

4

Aguada oscura de ocre amarillo/granza rosa

Dé color y sombree.

Siga creando el color para añadir sombras y definición.

5

Aguada clara de ocre amarillo/granza rosa

Aguada oscura de ocre amarillo/granza rosa

Añada la lengüeta y el cordón, y pinte los pespuntes con la punta de un pincel pequeño.

6

Aguada oscura de gris de Payne/granza rosa

Defina el contorno de la zapatilla con finas líneas gris oscuro.

7

Aguada oscura de gris de Payne

PROYECTO
2

Farolillo

Juegue con las bandas de color verticales y horizontales curvas para crear la delicada textura de este farolillo de papel. Piense en las cálidas veladas y celebraciones estivales.

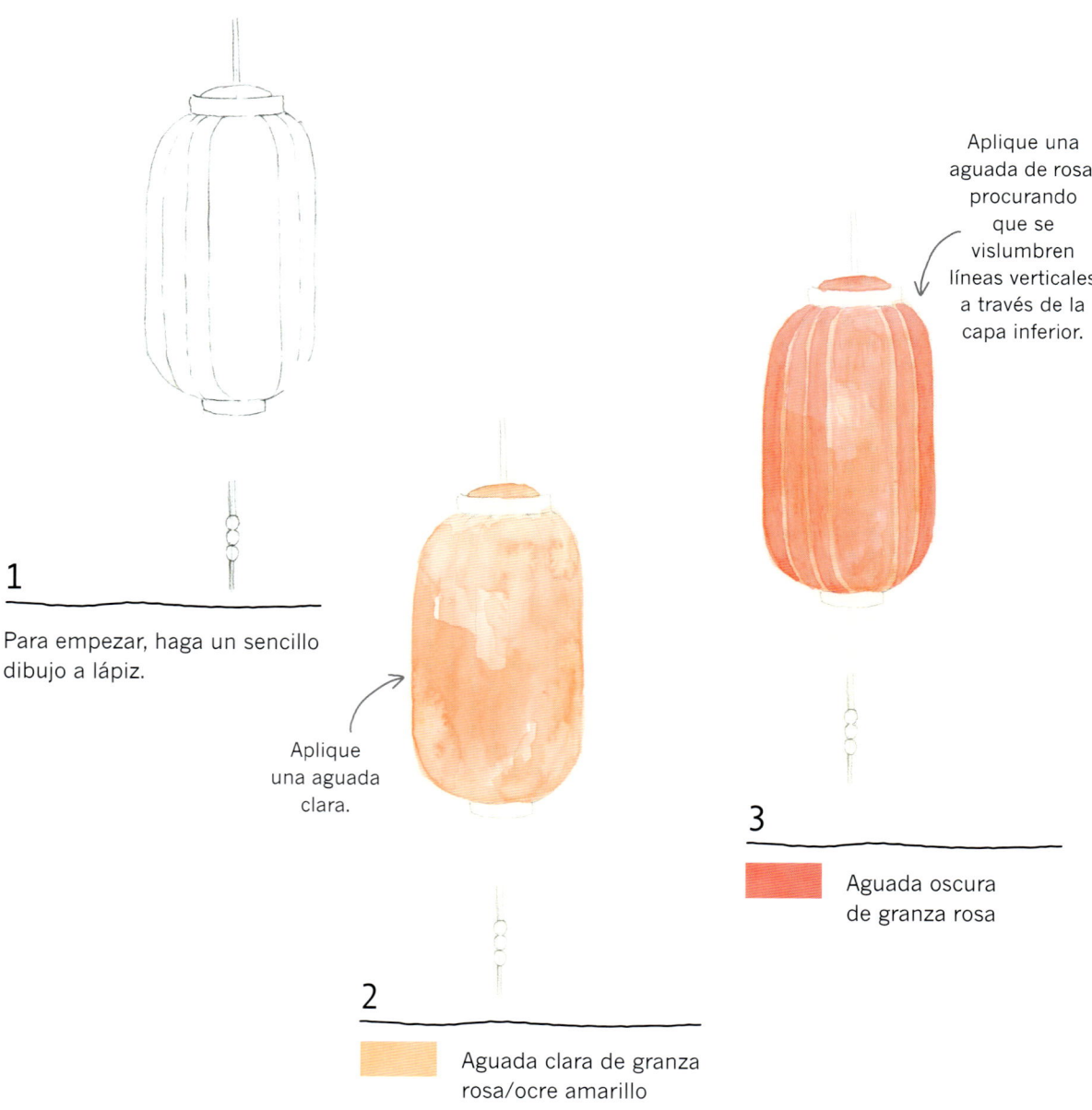

Aplique una aguada de rosa, procurando que se vislumbren líneas verticales a través de la capa inferior.

1

Para empezar, haga un sencillo dibujo a lápiz.

Aplique una aguada clara.

3

Aguada oscura de granza rosa

2

Aguada clara de granza rosa/ocre amarillo

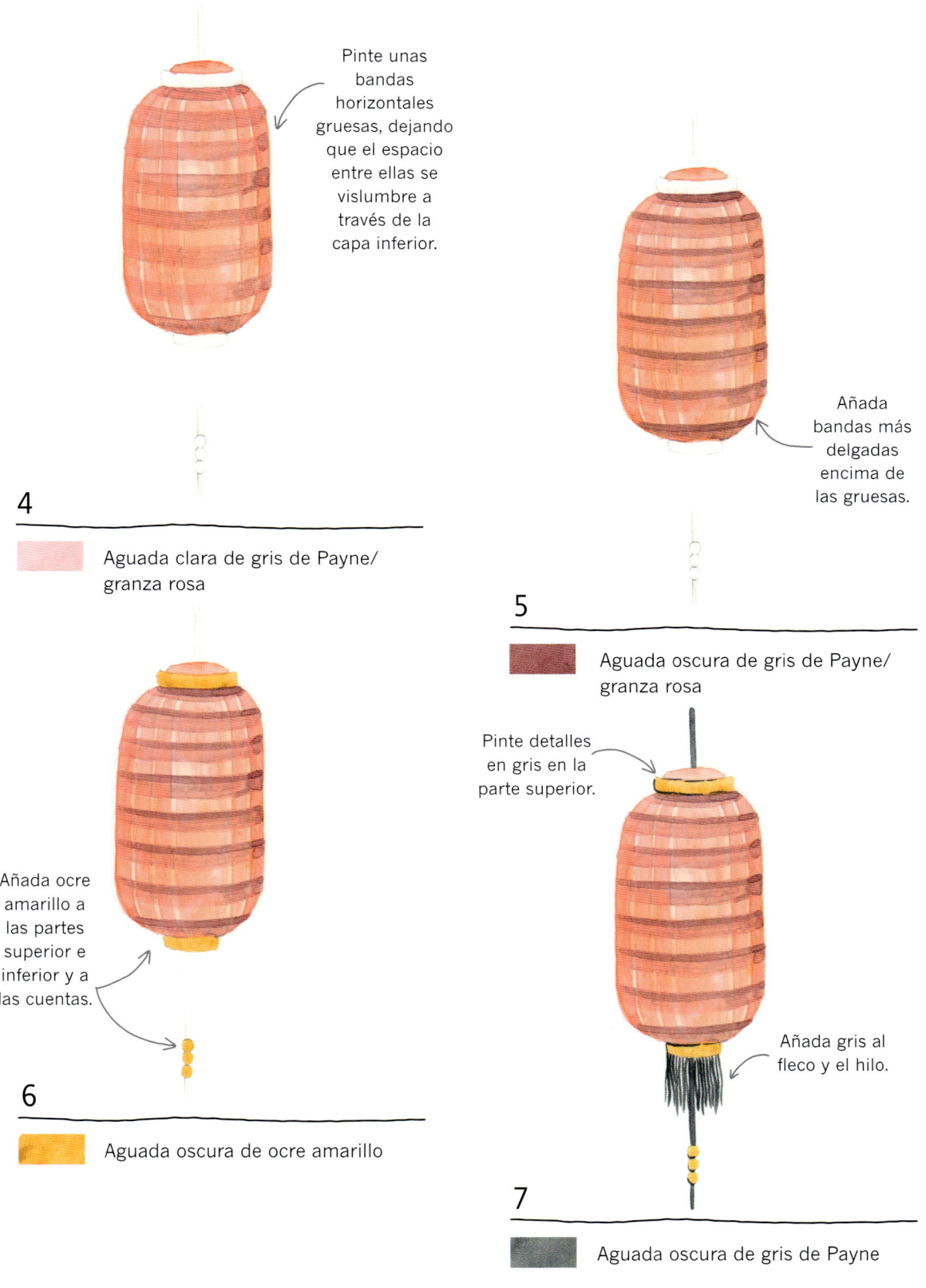

Pinte unas bandas horizontales gruesas, dejando que el espacio entre ellas se vislumbre a través de la capa inferior.

4

Aguada clara de gris de Payne/ granza rosa

Añada bandas más delgadas encima de las gruesas.

5

Aguada oscura de gris de Payne/ granza rosa

Añada ocre amarillo a las partes superior e inferior y a las cuentas.

6

Aguada oscura de ocre amarillo

Pinte detalles en gris en la parte superior.

Añada gris al fleco y el hilo.

7

Aguada oscura de gris de Payne

PROYECTO 3

Globo aerostático

¡Vuele alto! Olvídese por un momento de las preocupaciones cotidianas y disfrute de las vistas: con este proyecto se sentirá en las nubes. Sugerencia: el gris de Payne es un arma secreta poderosa para añadir detalles en las últimas fases de un proyecto de acuarela.

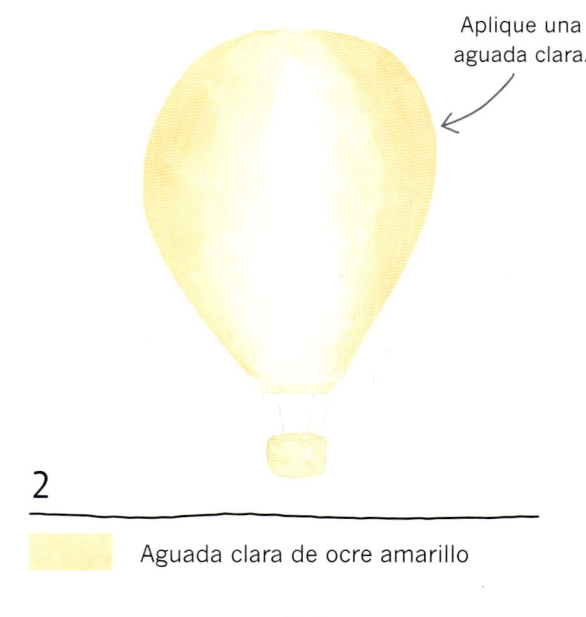

Aplique una aguada clara.

2

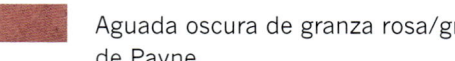 Aguada clara de ocre amarillo

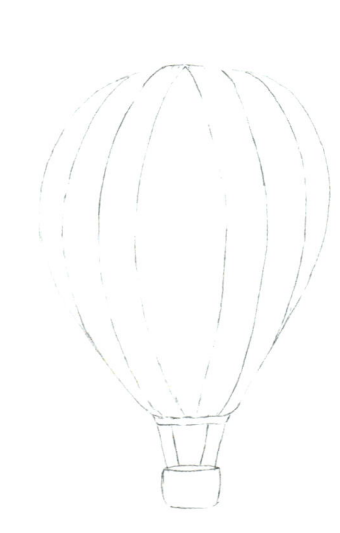

1

Para empezar, haga un sencillo dibujo a lápiz.

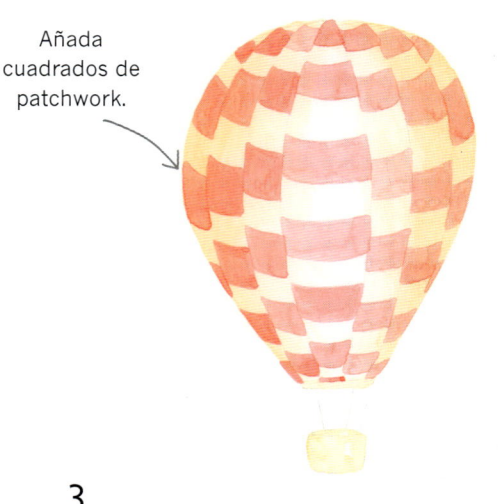

Añada cuadrados de patchwork.

3

Aguada oscura de granza rosa/gris de Payne

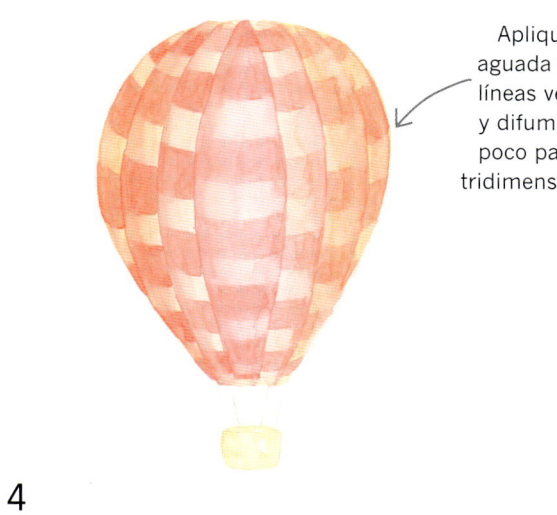

Aplique una aguada clara en líneas verticales y difumínela un poco para crear tridimensionalidad.

Trace líneas verticales finas y curvas para definir la forma del globo.

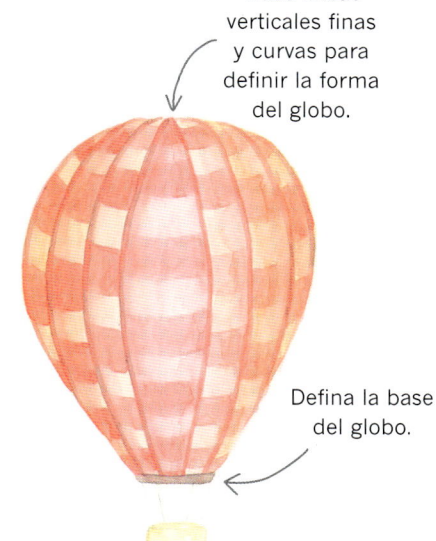

Defina la base del globo.

4

Aguada clara de granza rosa

5

Aguada oscura de granza rosa

Aguada clara de granza rosa/gris de Payne

Pinte bandas horizontales.

Con la punta del pincel, pinte una sutil trama en la cesta.

Con la punta del pincel, pinte los detalles y las cuerdas.

6

Aguada oscura de ocre amarillo/gris de Payne

Aguada oscura de granza rosa/ gris de Payne

7

Aguada oscura de gris de Payne

Sol tropical

Esta paleta de tres colores rezuma vibraciones tropicales por los cuatro costados. Piense en la calidez del sol, las lustrosas hojas verdes, las flores y las frutas. Seguro que esta combinación le anima a hacer las maletas para su próxima aventura.

LOS COLORES

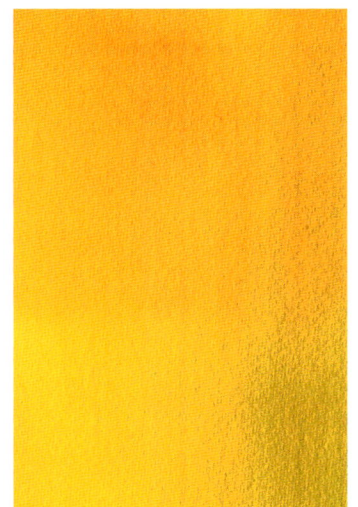 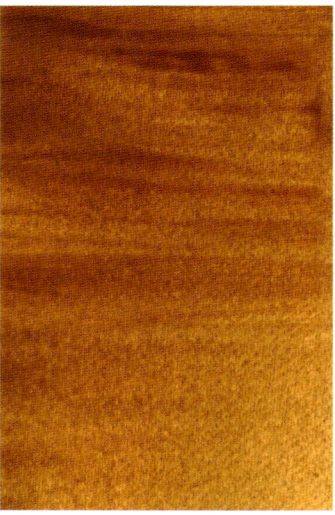 

Amarillo de cadmio   Ocre intenso italiano   Turquesa de cobalto

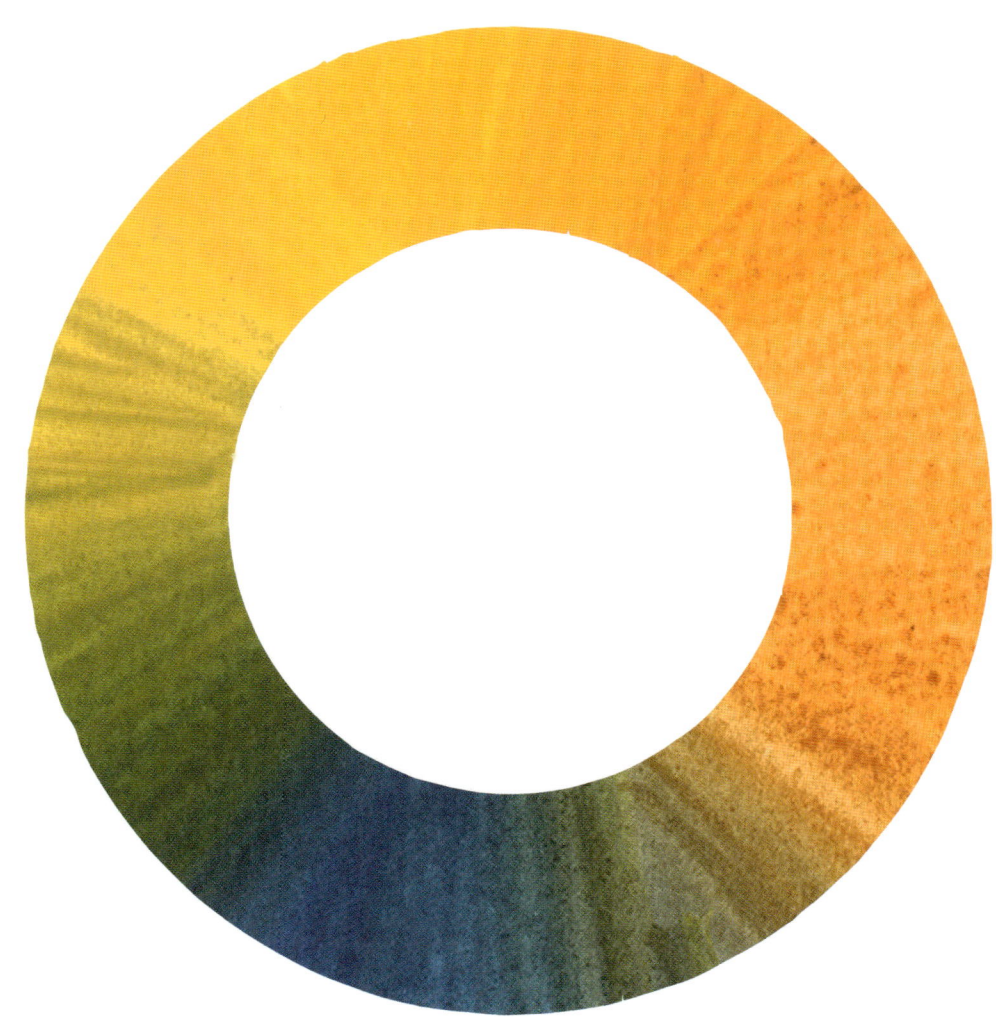

Mezcla

Aquí se muestra un sencillo círculo cromático en el que los tres colores se fusionan con los que tienen al lado. En la página siguiente encontrará una carta que ilustra la interacción mutua de los colores.

CARTA DE COLORES

Cada color se muestra en dos intensidades: una aguada oscura y una aguada clara. Véase la pág. 19 para obtener más información sobre las aguadas.

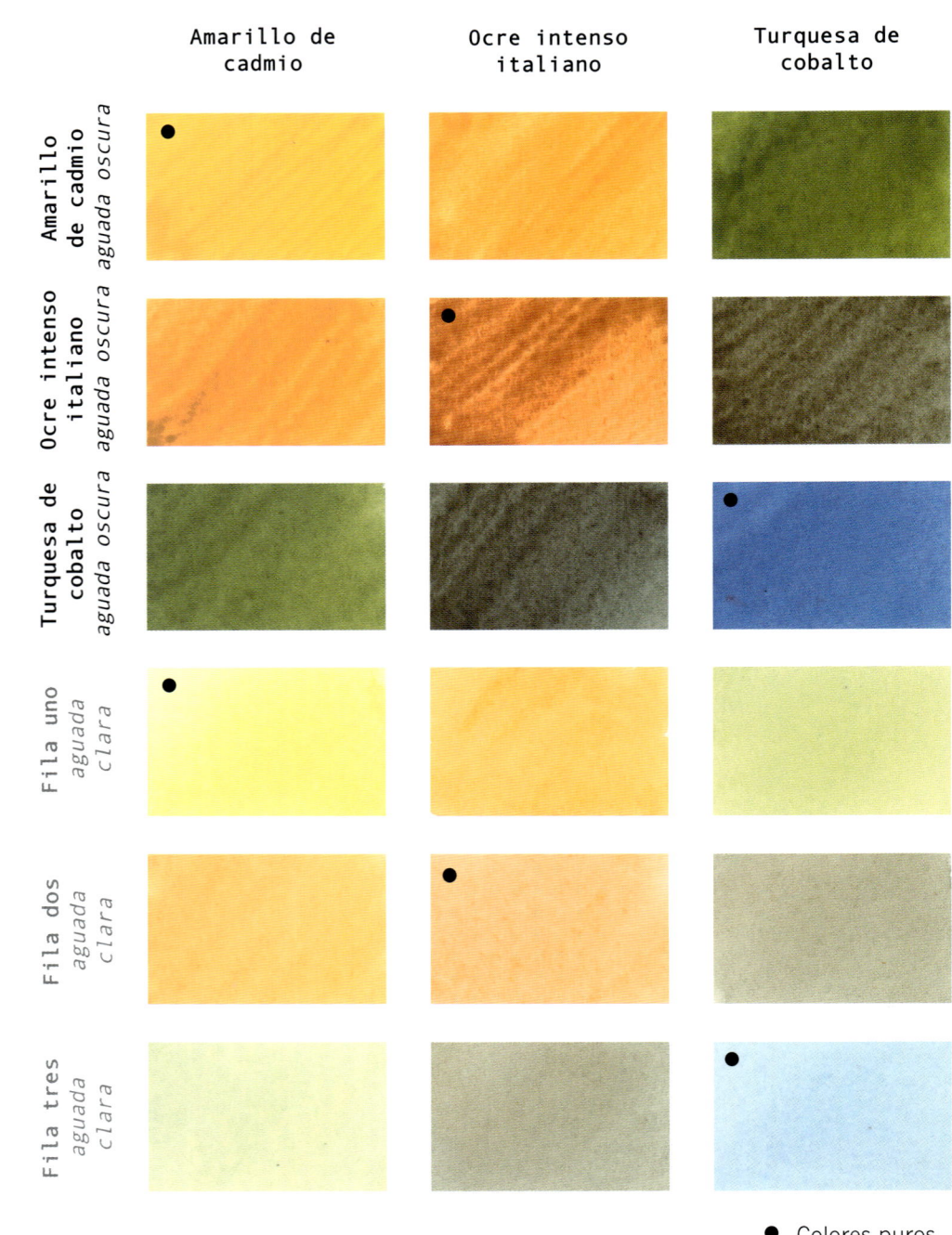

	Amarillo de cadmio	Ocre intenso italiano	Turquesa de cobalto

Amarillo de cadmio *aguada oscura*

Ocre intenso italiano *aguada oscura*

Turquesa de cobalto *aguada oscura*

Fila uno *aguada clara*

Fila dos *aguada clara*

Fila tres *aguada clara*

● Colores puros

Los proyectos

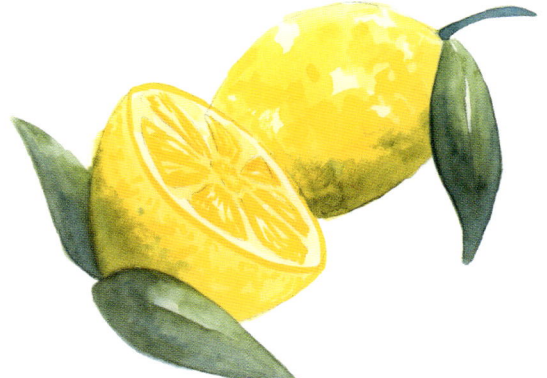

1. LIMONES
_____

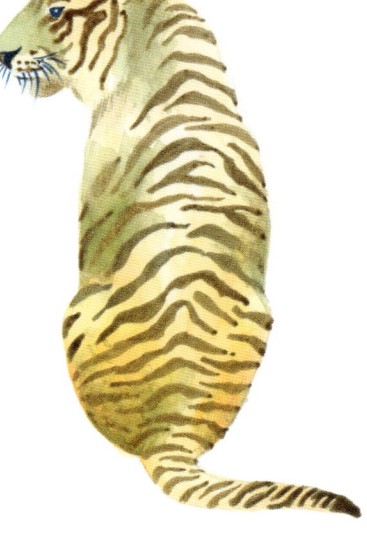

2. TIGRE
_____

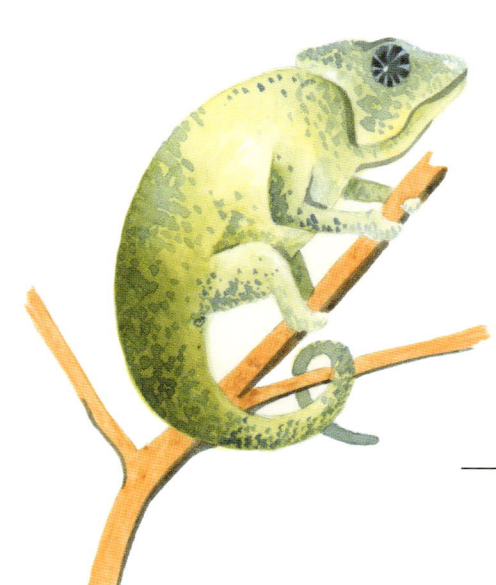

3. CAMALEÓN
_____

PROYECTO

1 | Limones

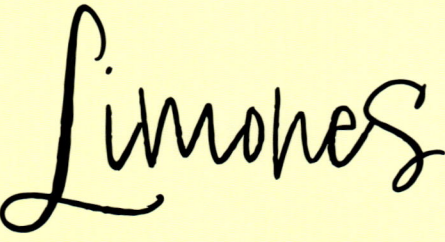

Fresco y ácido, este proyecto iluminará con un rayo de sol sus proyectos de acuarela. Procure dejar espacio negativo suficiente en la fruta para recrear la piel con textura del limón.

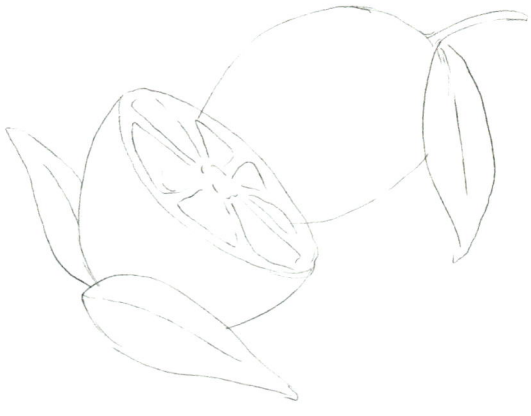

1

Para empezar, haga un sencillo dibujo a lápiz.

Aplique una aguada clara de amarillo a la fruta.

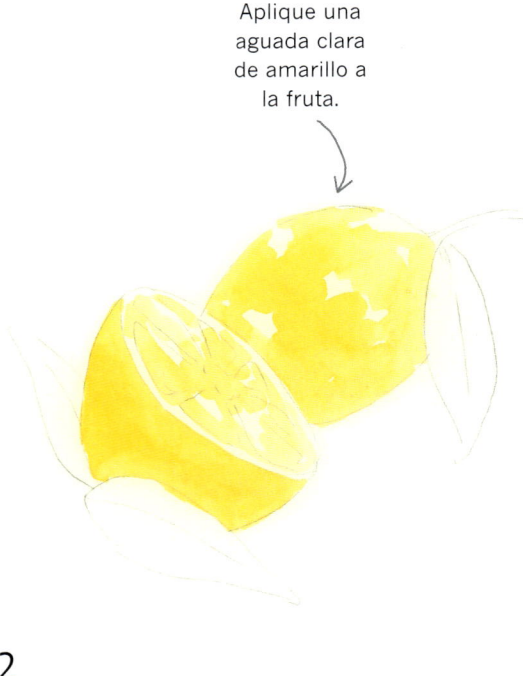

2

Aguada clara de amarillo de cadmio

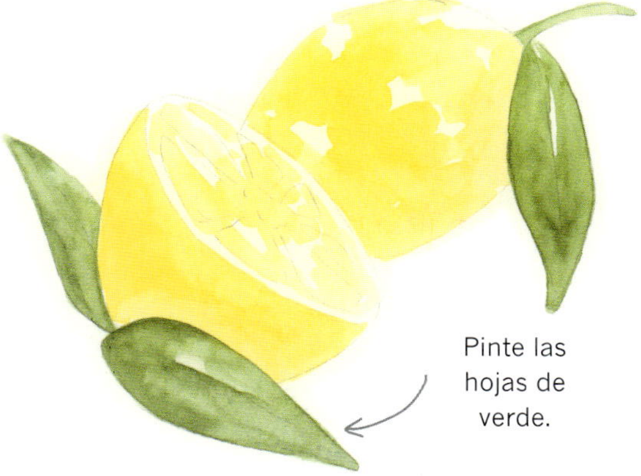

Pinte detalles en naranja en el corte transversal, procurando dejar espacios que se vislumbren a través de la capa inferior para obtener una textura jugosa.

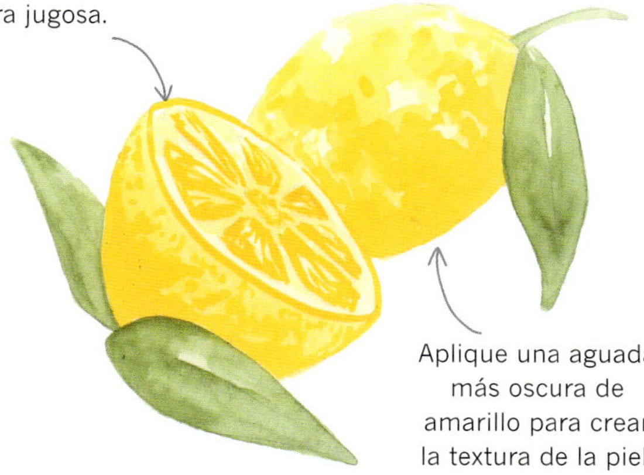

Pinte las hojas de verde.

Aplique una aguada más oscura de amarillo para crear la textura de la piel.

3

Aguada oscura de turquesa de cobalto/amarillo de cadmio

4

Aguada oscura de ocre intenso italiano/amarillo de cadmio

Aguada oscura de amarillo de cadmio

Aplique una aguada clara de azul a las hojas y las sombras de la fruta para crear tridimensionalidad.

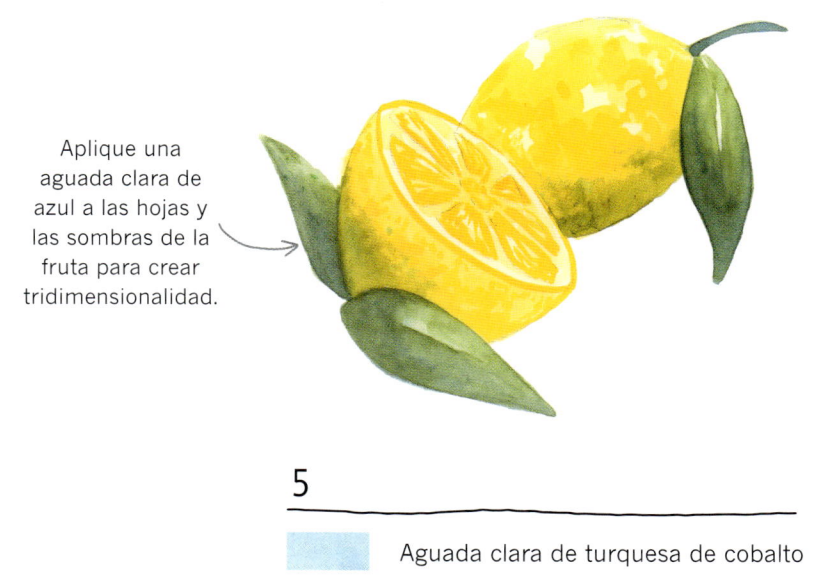

5

Aguada clara de turquesa de cobalto

2 | Tigre

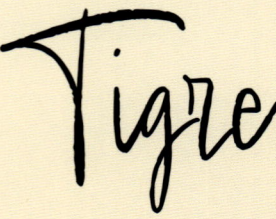

Con las peculiares rayas del tigre puede crear una bonita sensación de tridimensionalidad. Imagine el recorrido de la columna del tigre que va de la cola al cuello y arquee las rayas en consonancia.

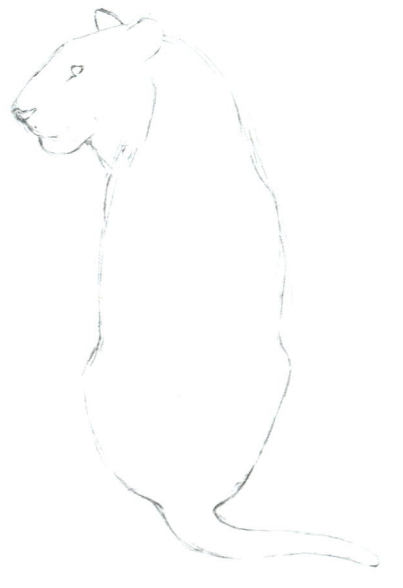

1

Para empezar, haga un sencillo dibujo a lápiz.

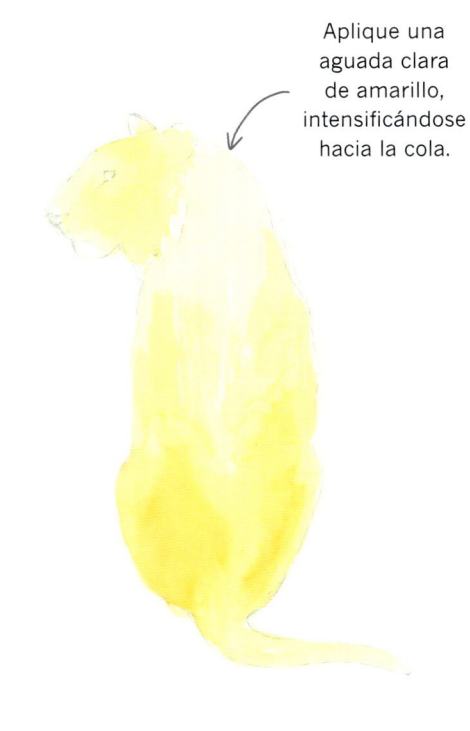

Aplique una aguada clara de amarillo, intensificándose hacia la cola.

2

Aguada clara de amarillo de cadmio

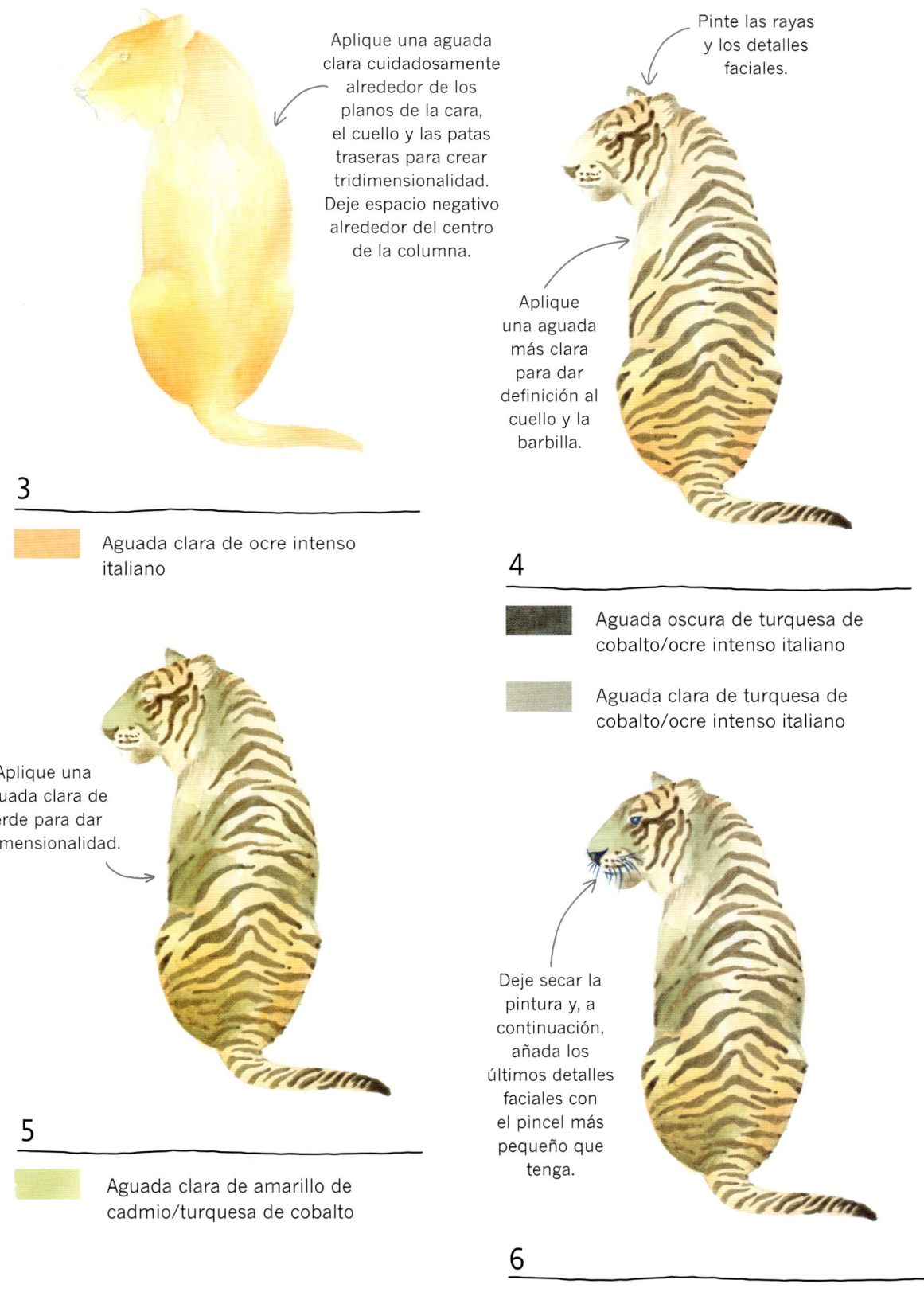

Aplique una aguada clara cuidadosamente alrededor de los planos de la cara, el cuello y las patas traseras para crear tridimensionalidad. Deje espacio negativo alrededor del centro de la columna.

3

Aguada clara de ocre intenso italiano

Pinte las rayas y los detalles faciales.

Aplique una aguada más clara para dar definición al cuello y la barbilla.

4

Aguada oscura de turquesa de cobalto/ocre intenso italiano

Aguada clara de turquesa de cobalto/ocre intenso italiano

Aplique una aguada clara de verde para dar tridimensionalidad.

5

Aguada clara de amarillo de cadmio/turquesa de cobalto

Deje secar la pintura y, a continuación, añada los últimos detalles faciales con el pincel más pequeño que tenga.

6

Aguada oscura de turquesa de cobalto

Camaleón

Pintar este camaleón es todo un regalo. Tómese su tiempo para dibujarlo antes de empezar a colorearlo; es importante posicionar correctamente las patas y la cola con relación a la rama.

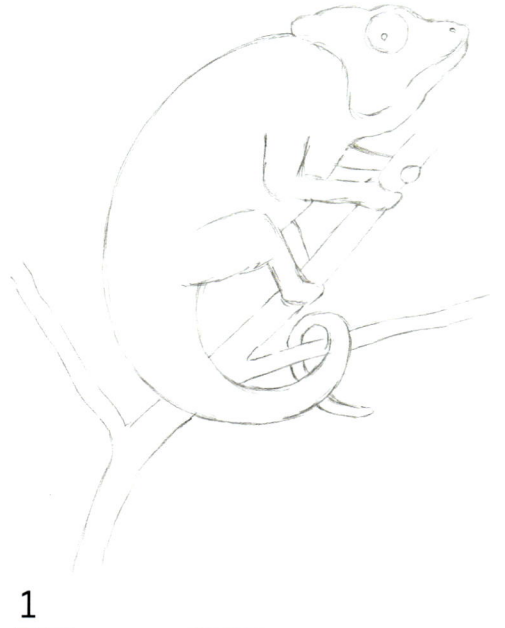

1

Para empezar, haga un sencillo dibujo a lápiz.

Aplique una aguada clara de amarillo.

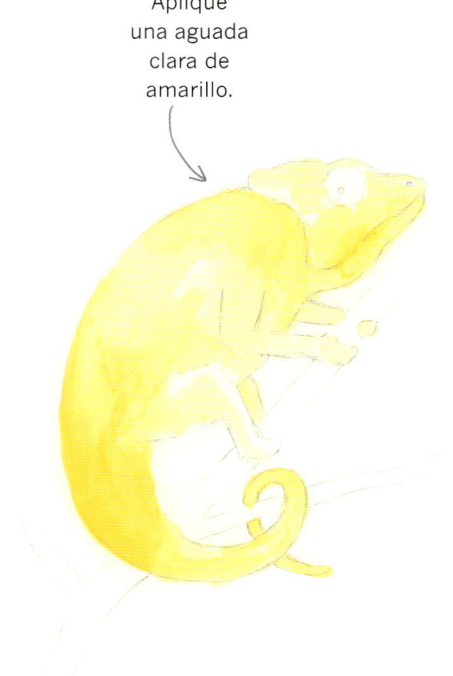

2

Aguada clara de amarillo de cadmio

Aplique una aguada clara de verde.

Dé toquecitos con el pincel por la superficie para crear las manchas.

Ojo azul

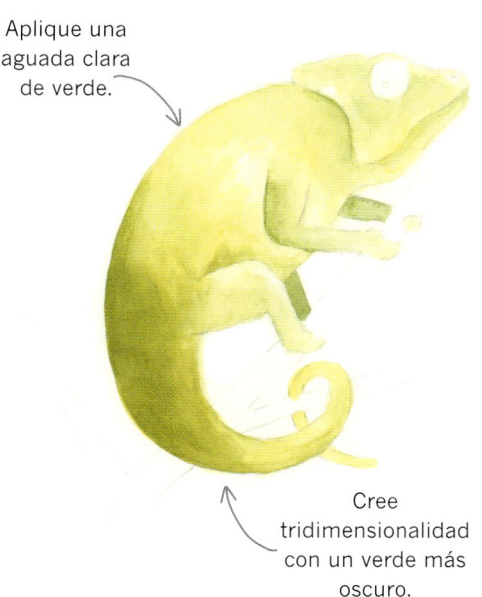

Cree tridimensionalidad con un verde más oscuro.

Sombree la cola.

3

Aguada clara de amarillo de cadmio/turquesa de cobalto

Aguada oscura de amarillo de cadmio/turquesa de cobalto

4

Aguada clara de turquesa de cobalto

Trace rayas en el ojo.

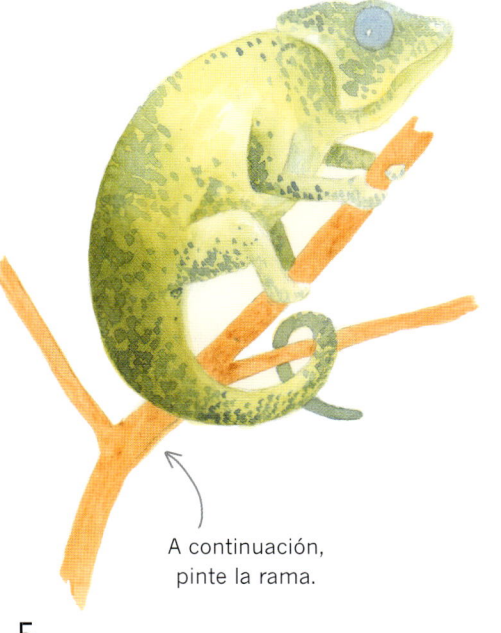

A continuación, pinte la rama.

5

Aguada oscura de ocre intenso italiano

Defina los bordes de la rama.

6

Aguada oscura de turquesa de cobalto/ocre intenso italiano

Toque mágico

Esta paleta de tres colores le hechizará. Basta leer el nombre de los colores: verde oro, carmesí alizarina y brillo lunar. Se trata de una paleta encantadora para pintar resplandores rosáceos e intensidades cegadoras.

LOS COLORES

Verde oro

Carmesí alizarina

Brillo lunar

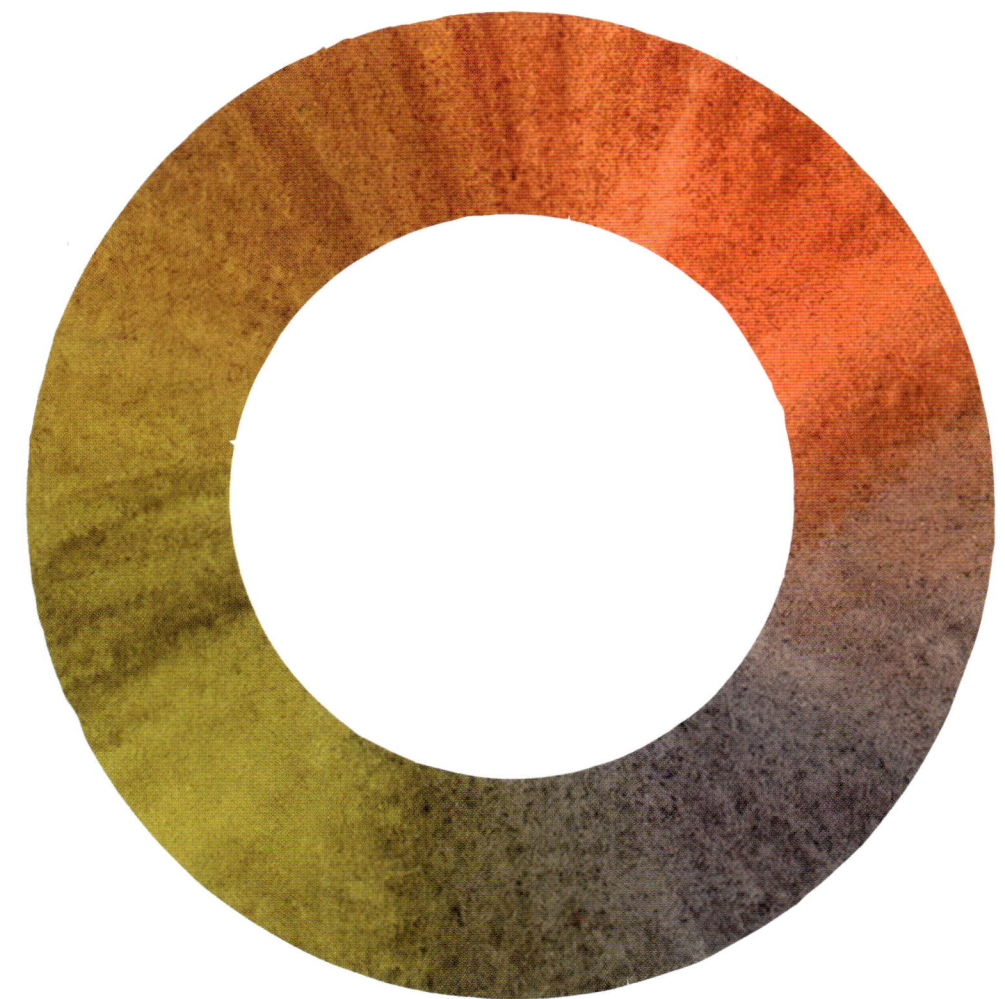

Mezcla

Aquí se muestra un sencillo círculo cromático en el que los tres colores se fusionan con los que tienen al lado. En la página siguiente encontrará una carta que ilustra la interacción mutua de los colores.

CARTA DE COLORES

Cada color se muestra en dos intensidades: una aguada oscura y una aguada clara. Véase la pág. 19 para obtener más información sobre las aguadas.

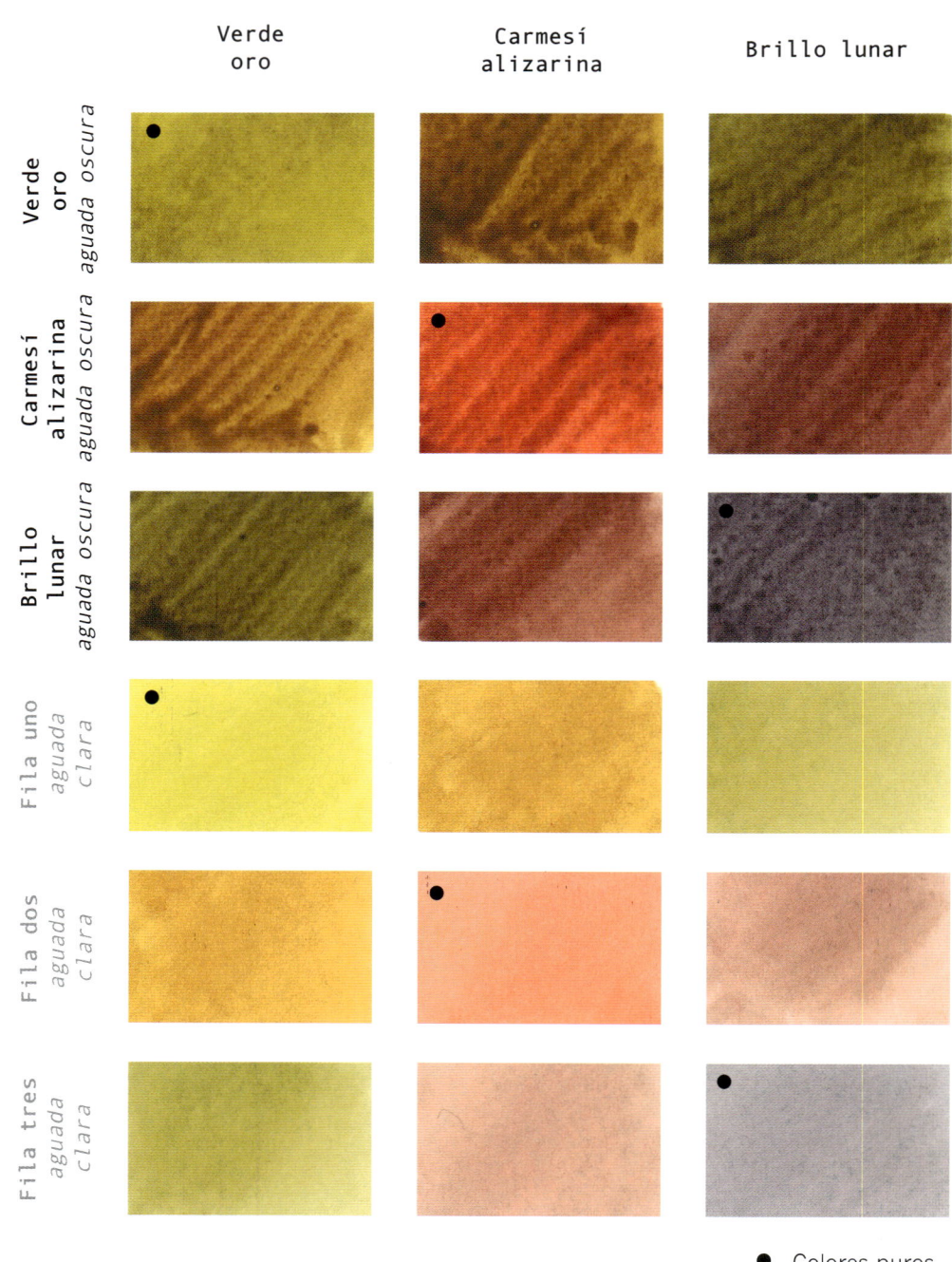

	Verde oro	Carmesí alizarina	Brillo lunar
Verde oro *aguada oscura*			
Carmesí alizarina *aguada oscura*			
Brillo lunar *aguada oscura*			
Fila uno *aguada clara*			
Fila dos *aguada clara*			
Fila tres *aguada clara*			

● Colores puros

Los proyectos

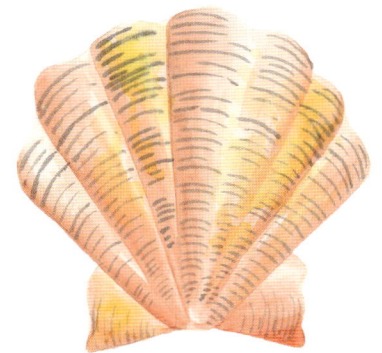

1. VALVA MARINA
_____

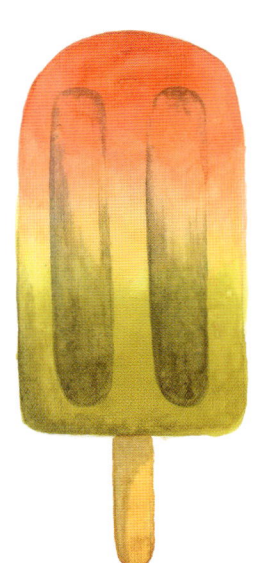

2. POLO
_____

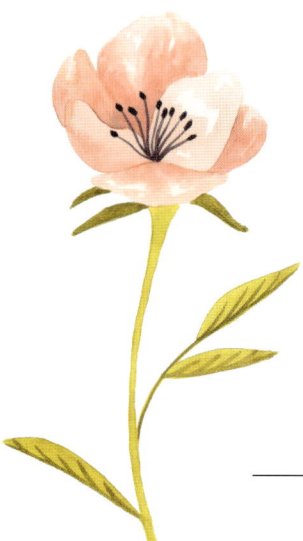

3. FLORA
_____

PROYECTO 1

Valva marina

¿Alguna vez se ha detenido a estudiar un objeto sencillo como una valva marina? Cuanto más se observa, más detalles se descubren. Recréese en las sombras para lograr una sensación de tridimensionalidad.

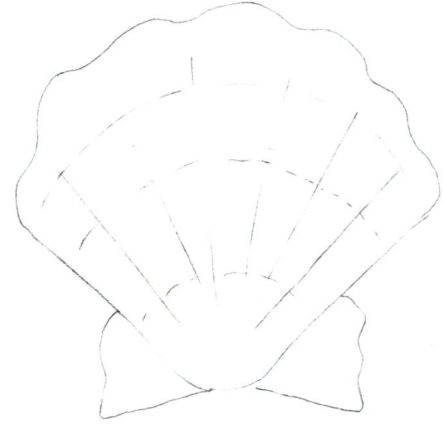

1

Para empezar, haga un sencillo dibujo a lápiz.

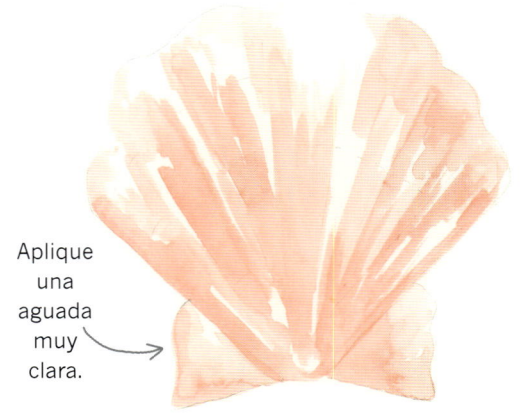

Aplique una aguada muy clara.

2

 Aguada clara de carmesí alizarina

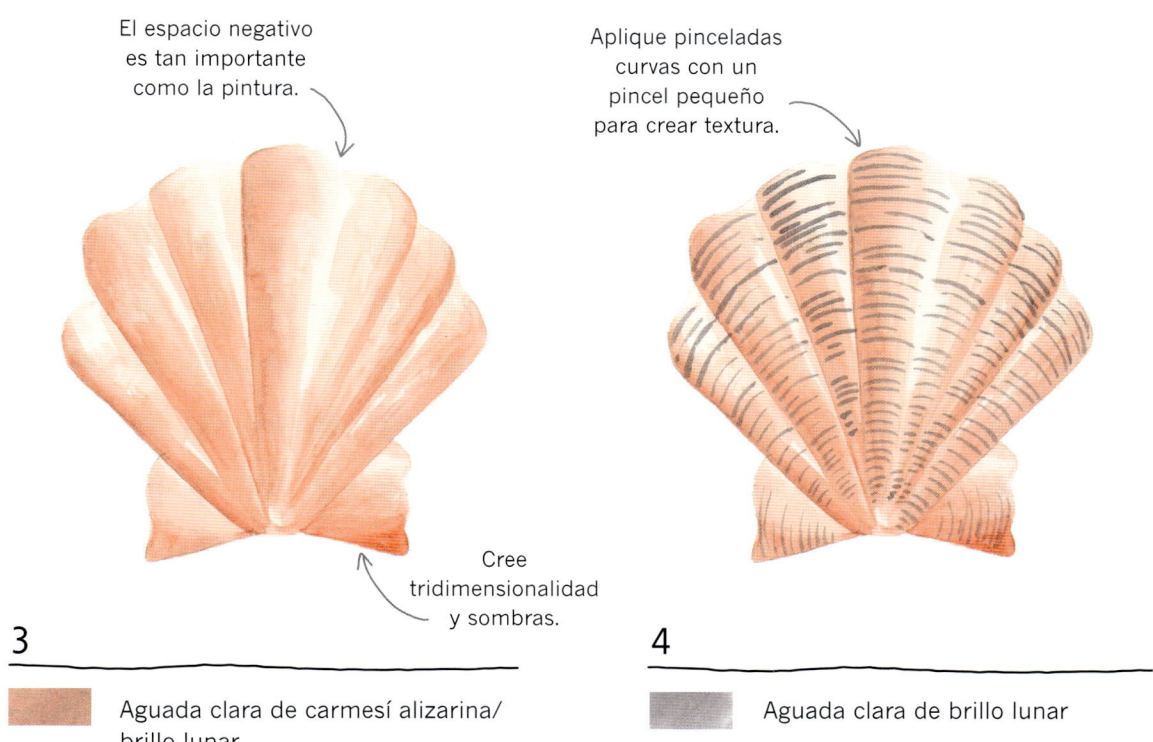

El espacio negativo es tan importante como la pintura.

Aplique pinceladas curvas con un pincel pequeño para crear textura.

Cree tridimensionalidad y sombras.

3

Aguada clara de carmesí alizarina/ brillo lunar

4

Aguada clara de brillo lunar

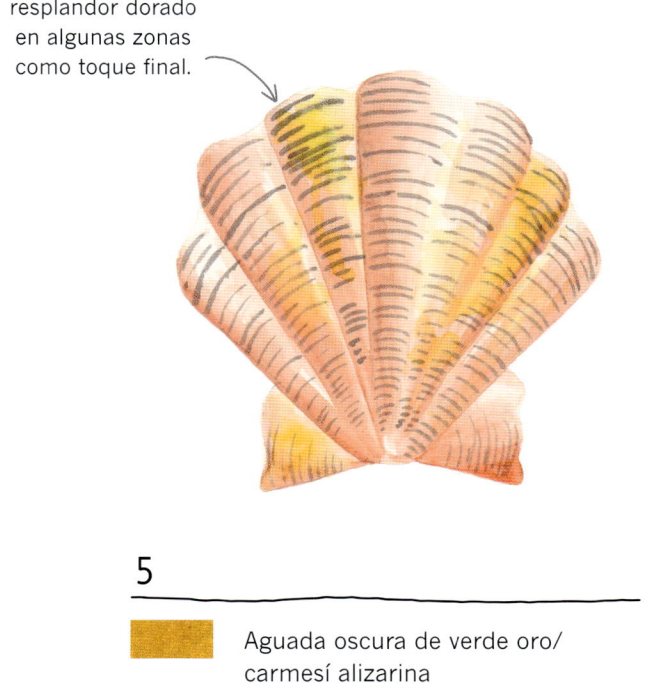

Añada un resplandor dorado en algunas zonas como toque final.

5

Aguada oscura de verde oro/ carmesí alizarina

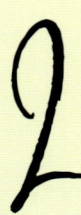
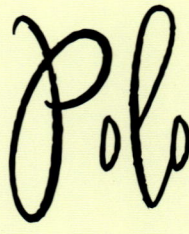

Este proyecto es una satisfacción refrescante de un día de verano. Aplique el verde oro y el carmesí alizarina húmedo sobre húmedo para lograr el efecto difuminado y espere a que se seque antes de añadir los últimos detalles.

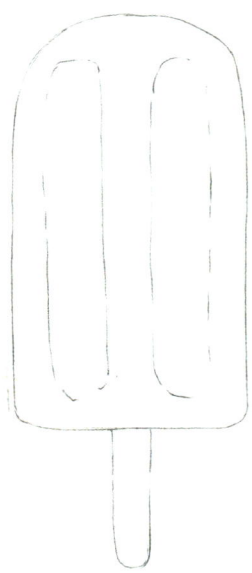

1

Para empezar, haga un sencillo dibujo a lápiz.

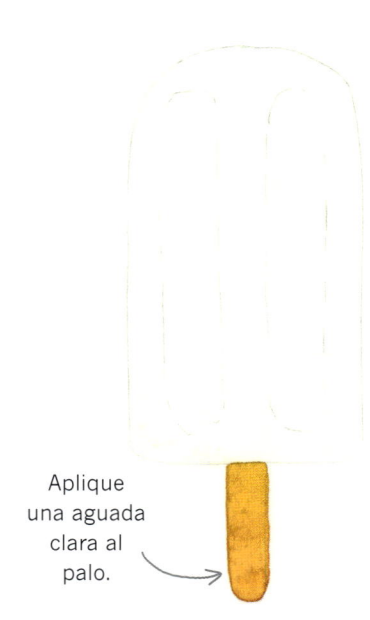

Aplique una aguada clara al palo.

2

 Aguada clara de carmesí alizarina/ verde oro

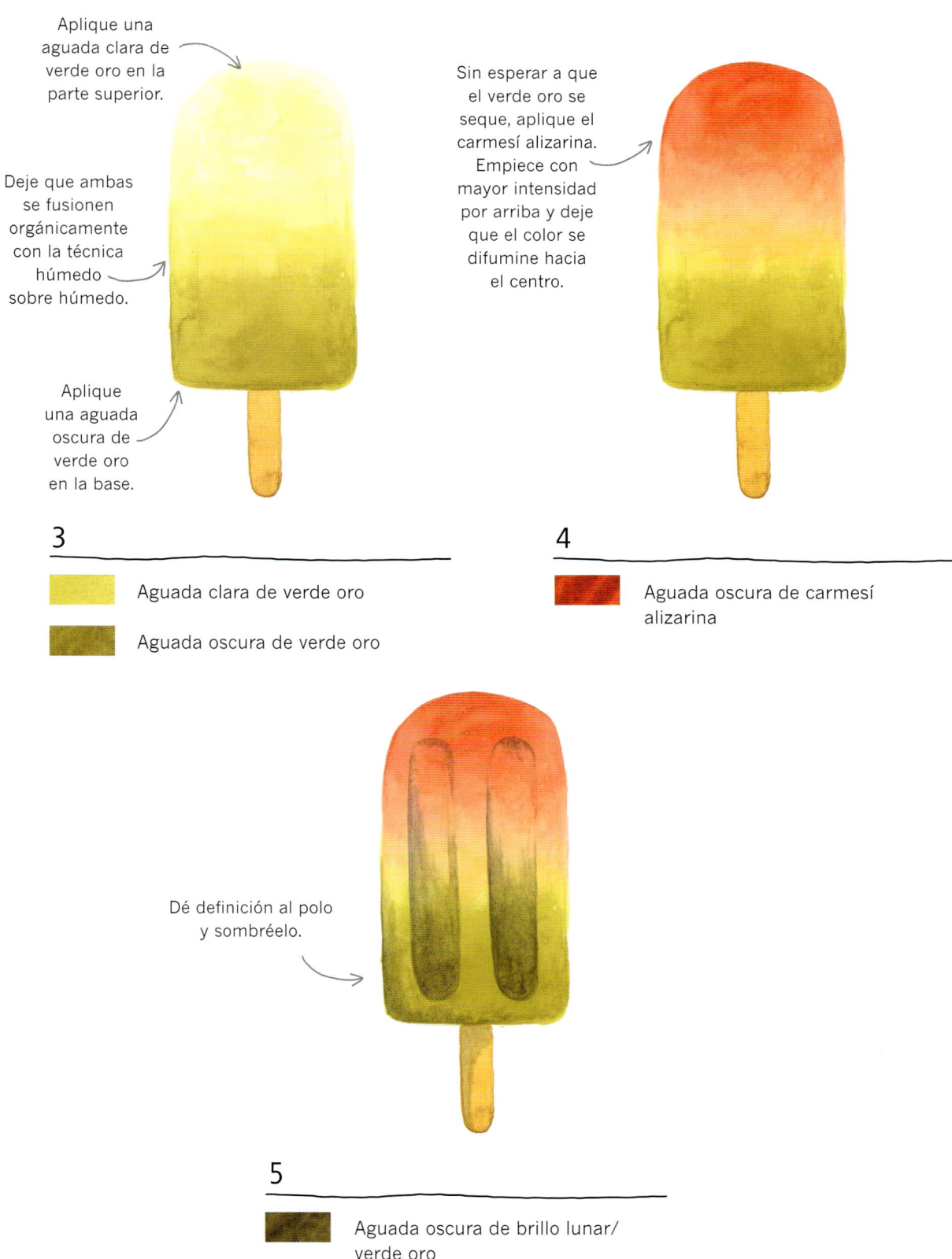

Aplique una aguada clara de verde oro en la parte superior.

Deje que ambas se fusionen orgánicamente con la técnica húmedo sobre húmedo.

Aplique una aguada oscura de verde oro en la base.

Sin esperar a que el verde oro se seque, aplique el carmesí alizarina. Empiece con mayor intensidad por arriba y deje que el color se difumine hacia el centro.

3

Aguada clara de verde oro

Aguada oscura de verde oro

4

Aguada oscura de carmesí alizarina

Dé definición al polo y sombréelo.

5

Aguada oscura de brillo lunar/ verde oro

PROYECTO

3

Flora

Apueste por la mínima expresión en este elegante proyecto: una flor con su tallo es la belleza natural por definición. Deje secar cada capa antes de añadir la siguiente para obtener un resultado nítido.

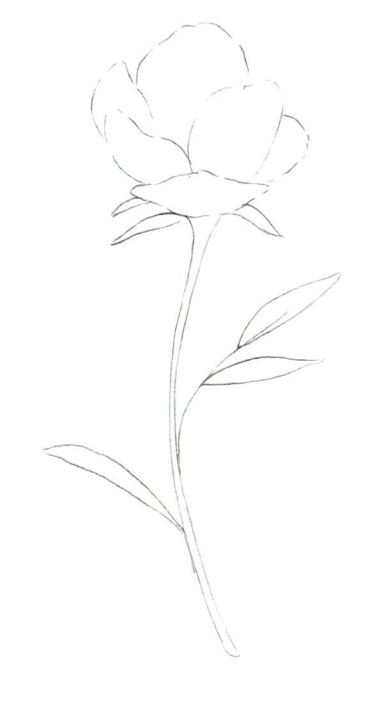

1

Para empezar, haga un sencillo dibujo a lápiz.

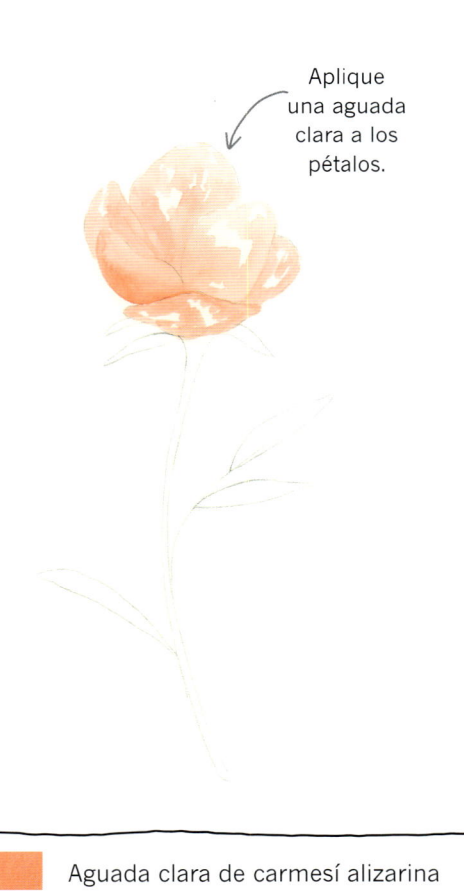

Aplique una aguada clara a los pétalos.

2

Aguada clara de carmesí alizarina

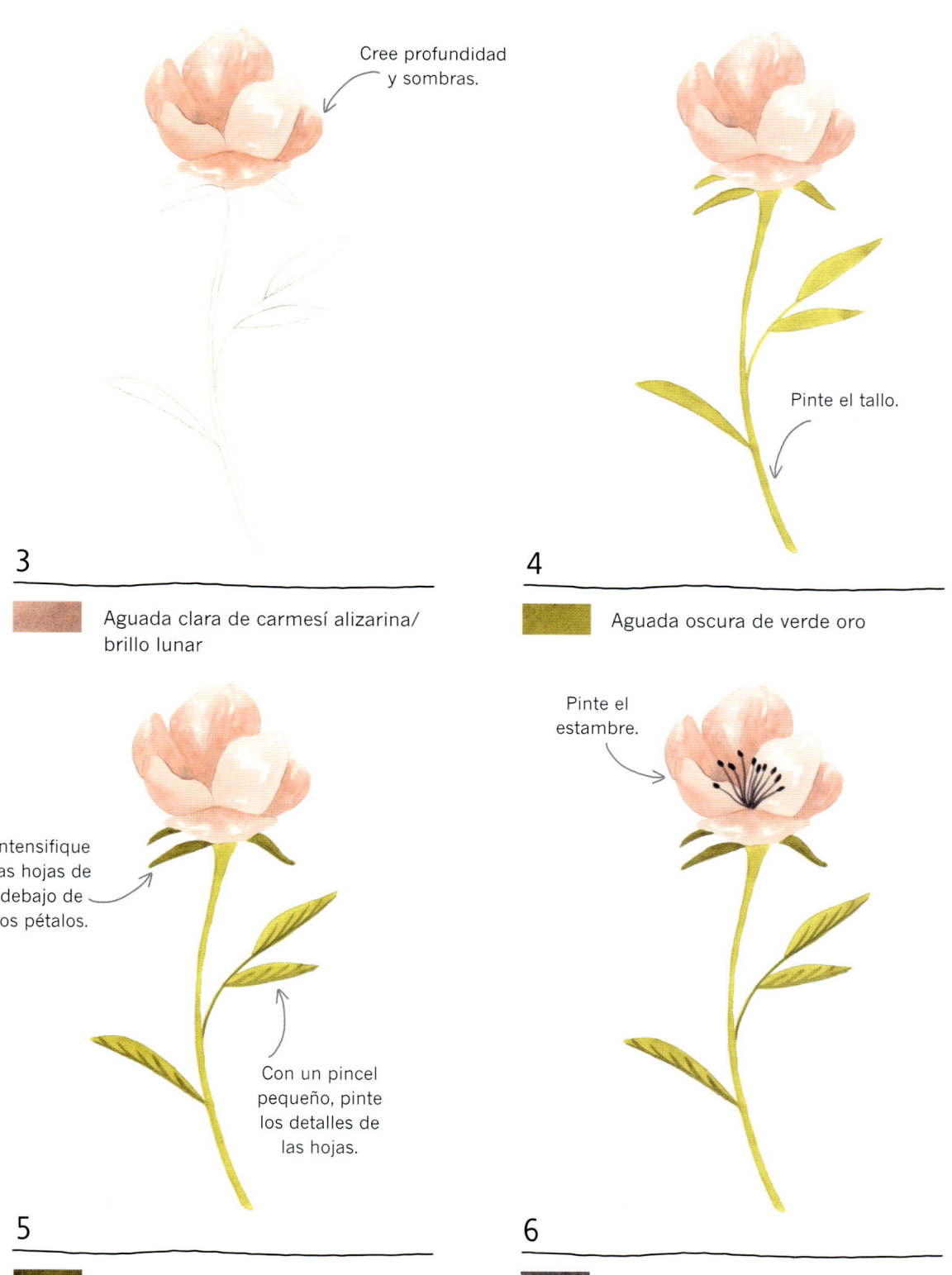

Cree profundidad
y sombras.

Pinte el tallo.

3

Aguada clara de carmesí alizarina/
brillo lunar

4

Aguada oscura de verde oro

Intensifique
las hojas de
debajo de
los pétalos.

Con un pincel
pequeño, pinte
los detalles de
las hojas.

Pinte el
estambre.

5

Aguada oscura de brillo lunar/
verde oro

6

Aguada oscura de brillo lunar

Frescor primaveral

Con esta paleta se obtienen colores positivos y tonos pastel de ensueño, ideales para levantar el ánimo a finales de invierno. Es una combinación fresca y alegre muy adecuada para las flores y el mundo natural.

LOS COLORES

Amarillo de cadmio

Granza rosa

Turquesa ftalo

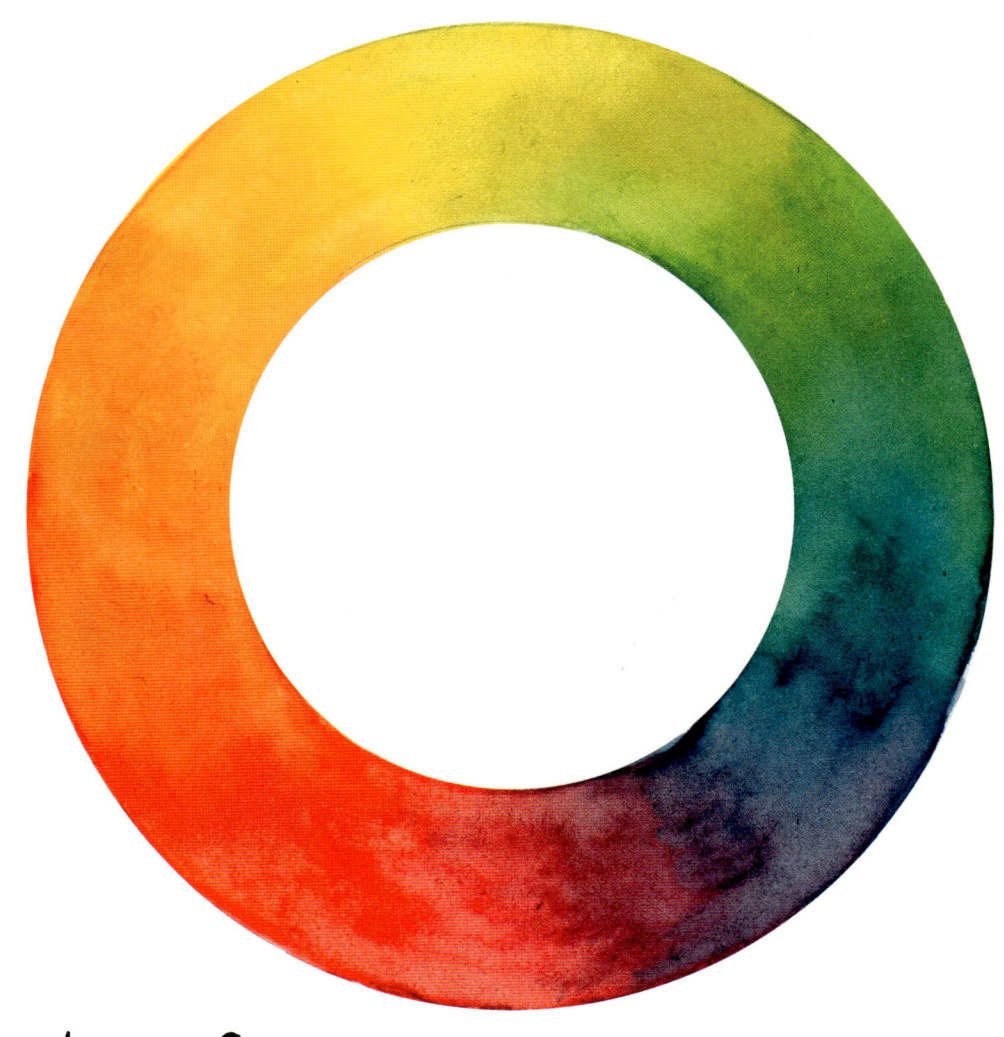

Mezcla

Aquí se muestra un sencillo círculo cromático en el que los tres colores se fusionan con los que tienen al lado. En la página siguiente encontrará una carta que ilustra la interacción mutua de los colores.

CARTA DE COLORES

Cada color se muestra en dos intensidades: una aguada oscura y una aguada clara. Véase la pág. 19 para obtener más información sobre las aguadas.

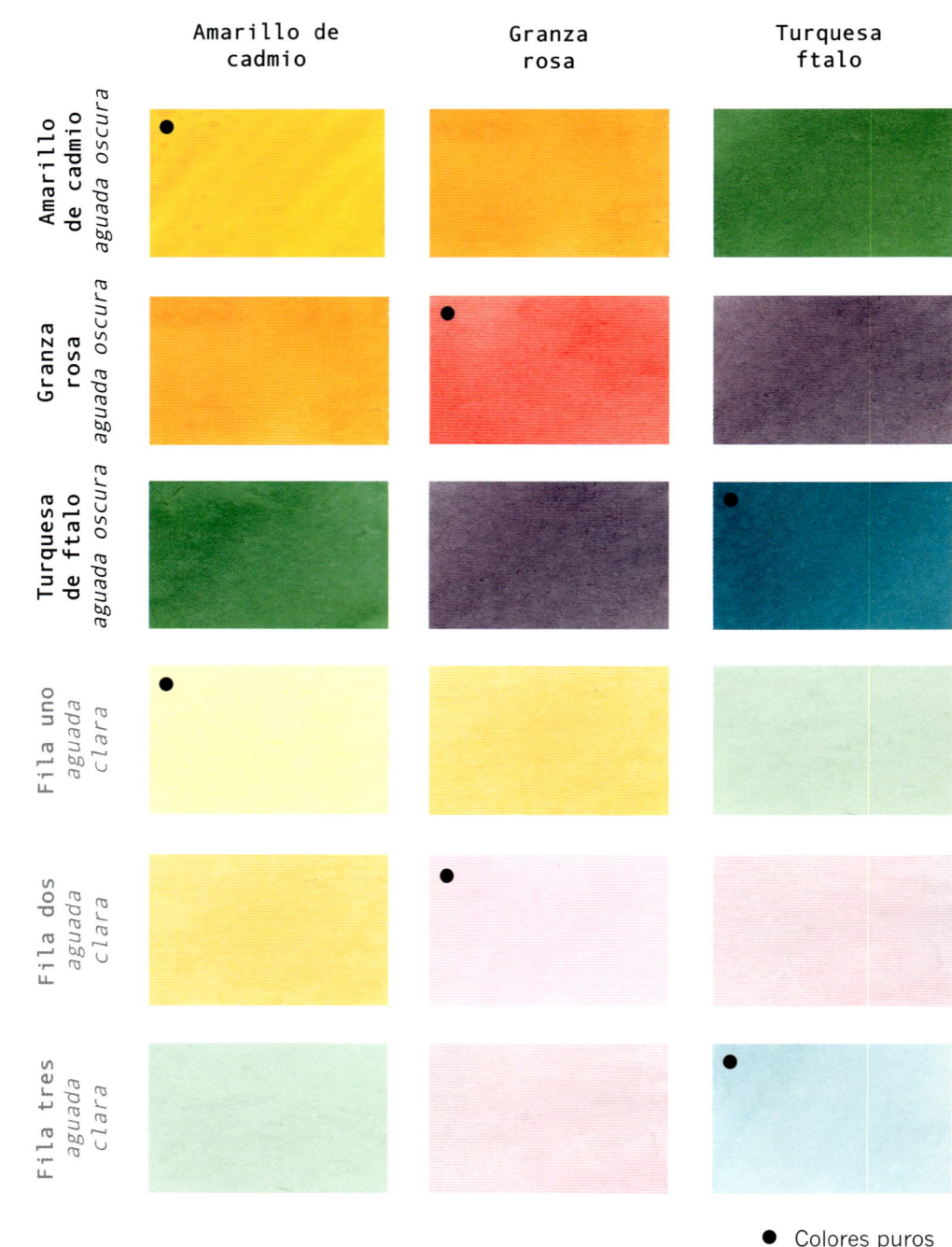

	Amarillo de cadmio	Granza rosa	Turquesa ftalo
Amarillo de cadmio *aguada oscura*			
Granza rosa *aguada oscura*			
Turquesa de ftalo *aguada oscura*			
Fila uno *aguada clara*			
Fila dos *aguada clara*			
Fila tres *aguada clara*			

● Colores puros

Los proyectos

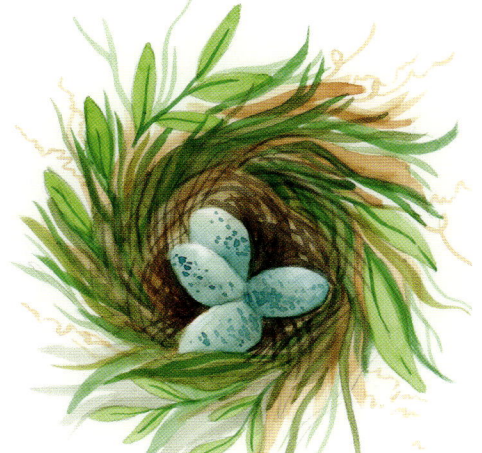

1. NIDO DE PÁJARO

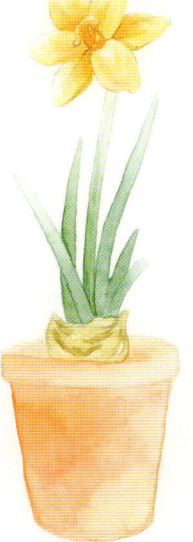

2. LAS FLORES

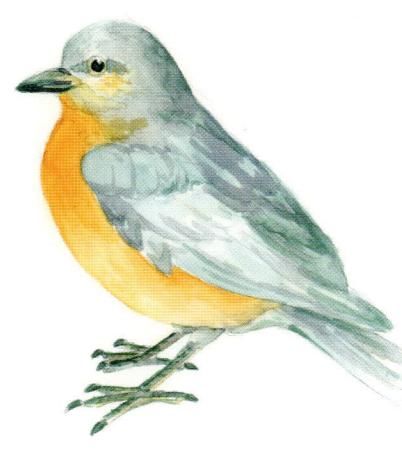

3. PÁJARO PRIMAVERAL

PROYECTO 1

Nido de pájaro

No hay nada más primaveral que unos huevos con motitas a punto de eclosionar. Diviértase mezclando verdes frescos y tonos cálidos para crear su propio nido.

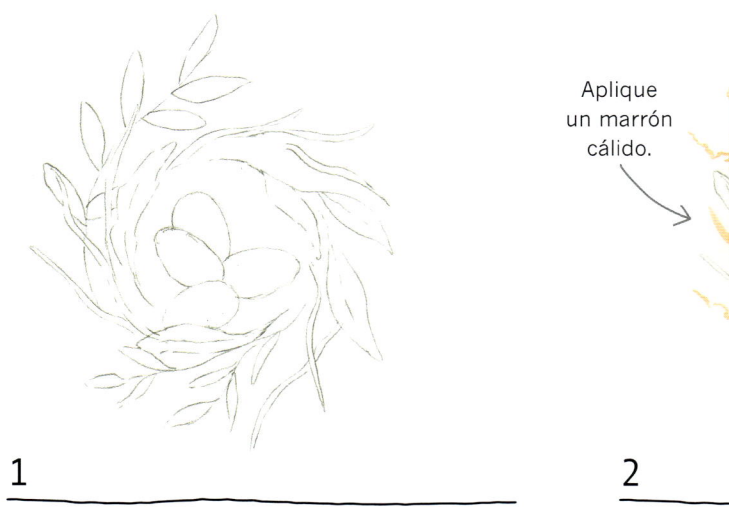

1

Para empezar, haga un sencillo dibujo a lápiz.

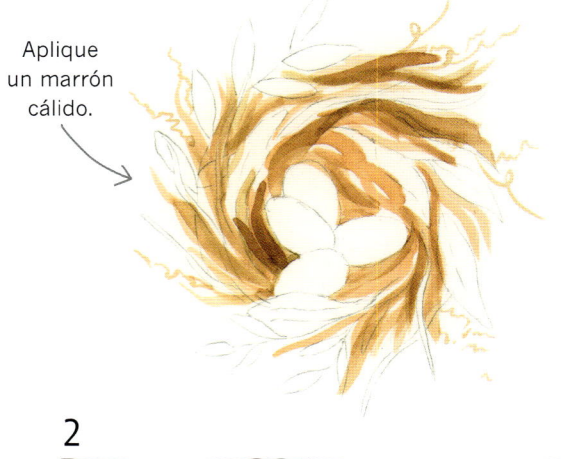

Aplique un marrón cálido.

2

Aguada clara de los tres colores

Sugerencia

Con la mezcla de los tres colores de esta paleta obtendrá marrón. Si prefiere que quede más claro, cargue menos pigmento en el pincel.

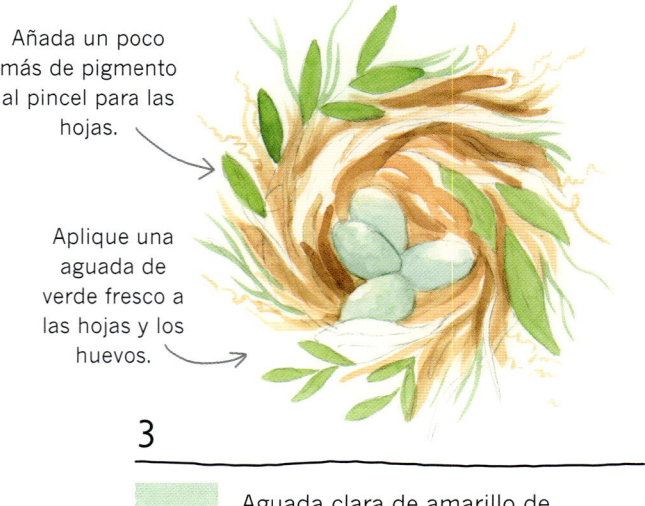

Añada un poco más de pigmento al pincel para las hojas.

Aplique una aguada de verde fresco a las hojas y los huevos.

3

Aguada clara de amarillo de cadmio/turquesa ftalo

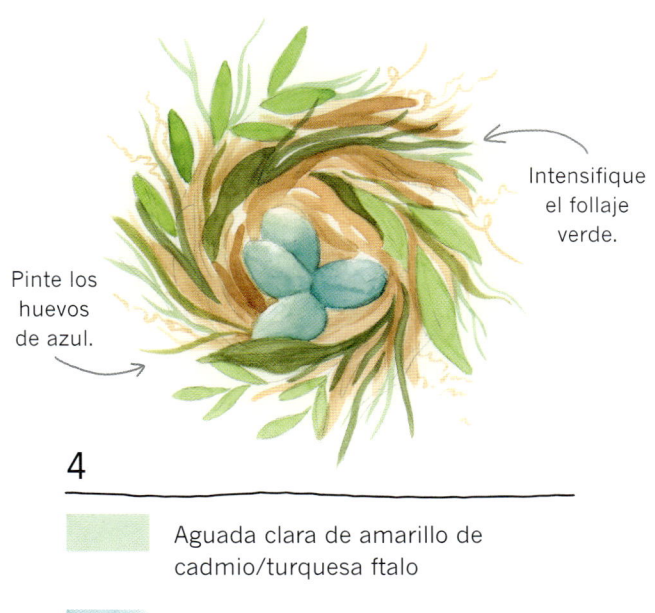

Intensifique
el follaje
verde.

Pinte los
huevos
de azul.

Pinte los
detalles de
las hojas.

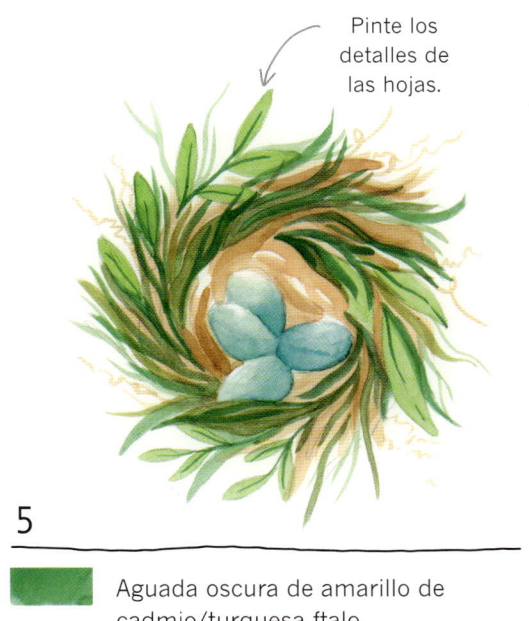

4

Aguada clara de amarillo de
cadmio/turquesa ftalo

Aguada clara de turquesa ftalo

5

Aguada oscura de amarillo de
cadmio/turquesa ftalo

Con un pincel
pequeño, pinte
unas motitas en
los huevos.

Dé textura
al nido y
sombréelo.

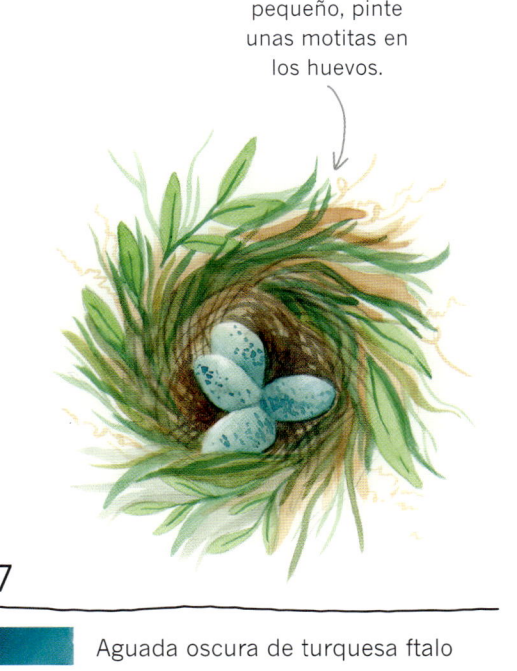

6

Aguada oscura de los tres colores

7

Aguada oscura de turquesa ftalo

2 Las flores

Despídase del invierno con la floración de los primeros narcisos del año. Aplique sencillas capas para recrear los pétalos alegres y la peculiar trompa.

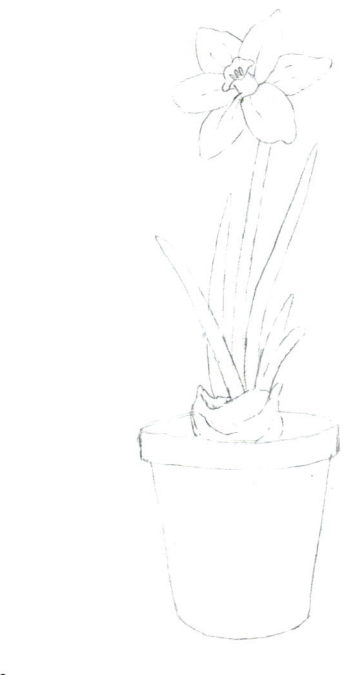

1

Para empezar, haga un sencillo dibujo a lápiz.

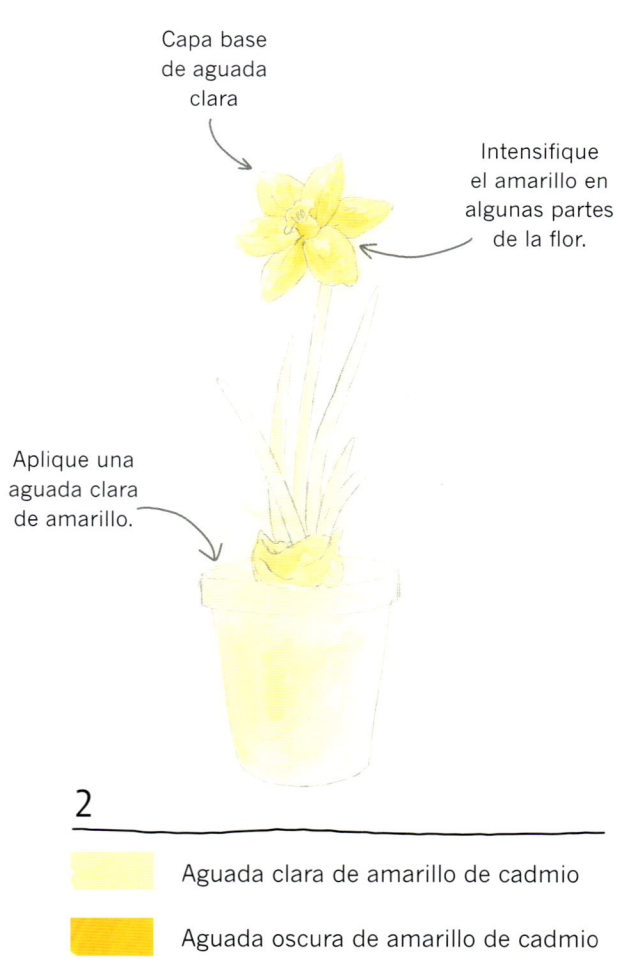

Capa base de aguada clara

Intensifique el amarillo en algunas partes de la flor.

Aplique una aguada clara de amarillo.

2

Aguada clara de amarillo de cadmio

Aguada oscura de amarillo de cadmio

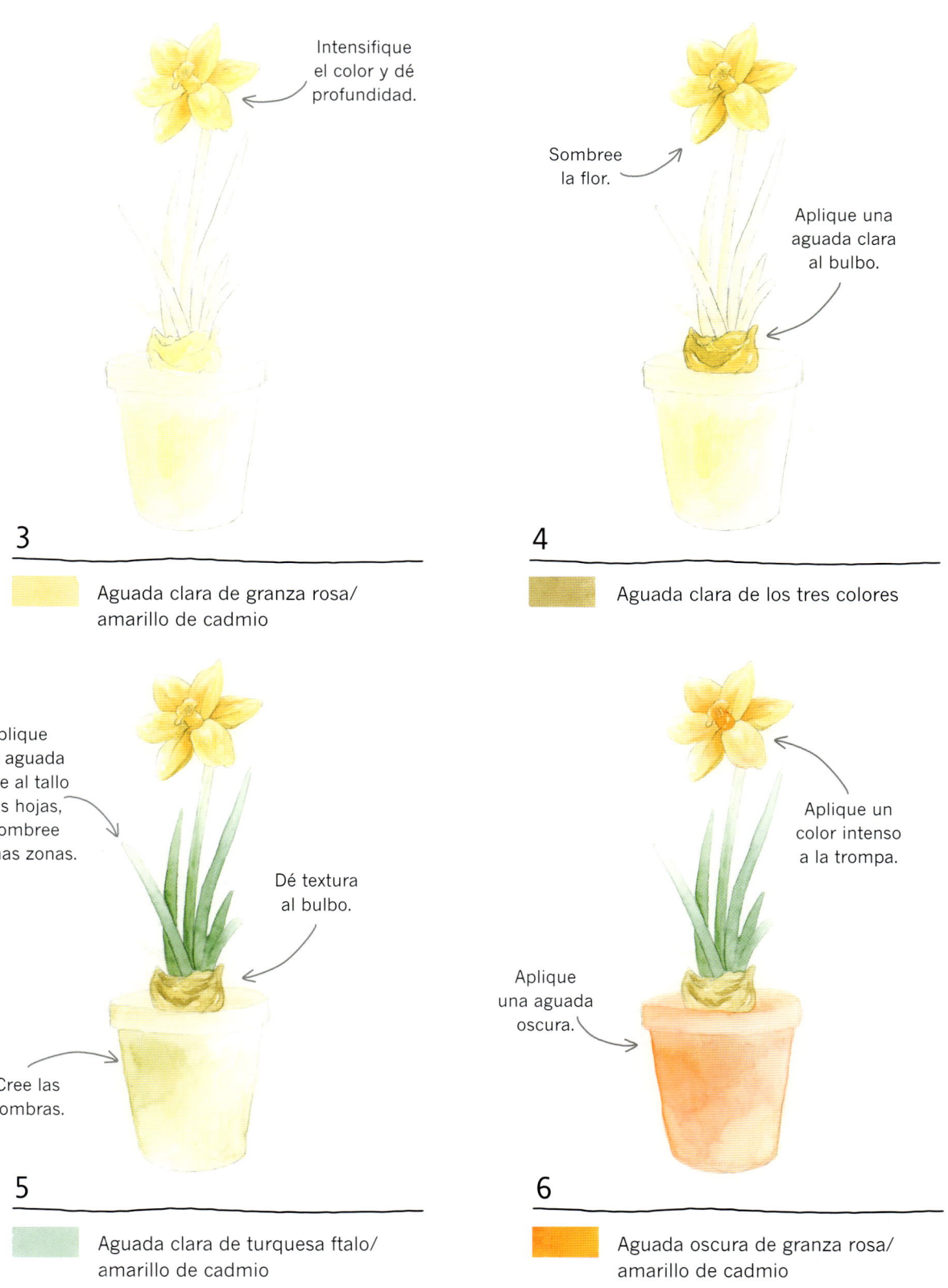

Intensifique el color y dé profundidad.

3

Aguada clara de granza rosa/
amarillo de cadmio

Sombree la flor.

Aplique una aguada clara al bulbo.

4

Aguada clara de los tres colores

Aplique una aguada verde al tallo y las hojas, y sombree algunas zonas.

Dé textura al bulbo.

Cree las sombras.

5

Aguada clara de turquesa ftalo/
amarillo de cadmio

Aguada oscura de los tres colores

Aplique un color intenso a la trompa.

Aplique una aguada oscura.

6

Aguada oscura de granza rosa/
amarillo de cadmio

PROYECTO

3

Pájaro primaveral

Si alguna vez se queda sin inspiración al combinar colores, observe a los pájaros. Los colores vivos de sus plumajes se complementan a la perfección.

Aguada de amarillo

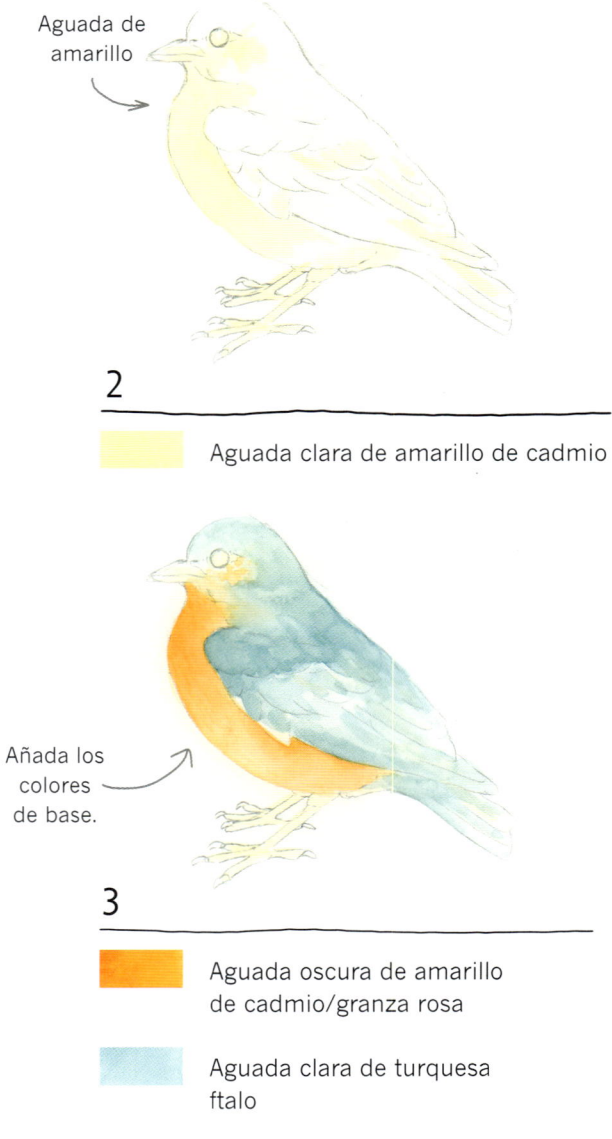

2

Aguada clara de amarillo de cadmio

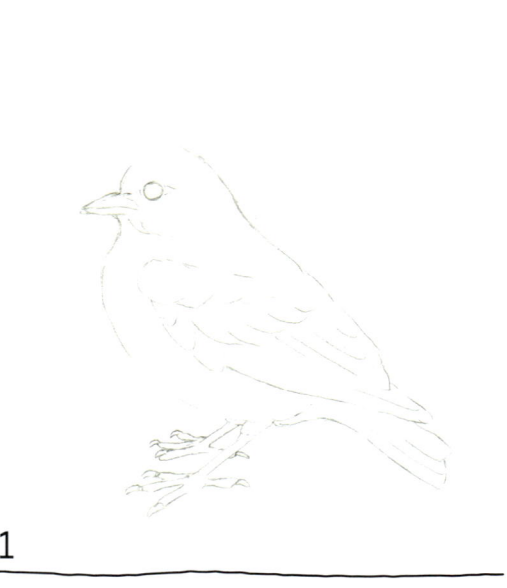

1

Para empezar, haga un sencillo dibujo a lápiz.

Añada los colores de base.

3

Aguada oscura de amarillo de cadmio/granza rosa

Aguada clara de turquesa ftalo

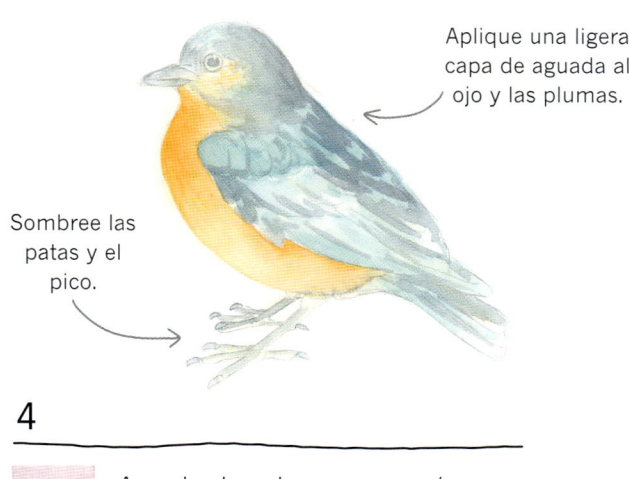

Aplique una ligera capa de aguada al ojo y las plumas.

Sombree las patas y el pico.

4

Aguada clara de granza rosa/ turquesa ftalo

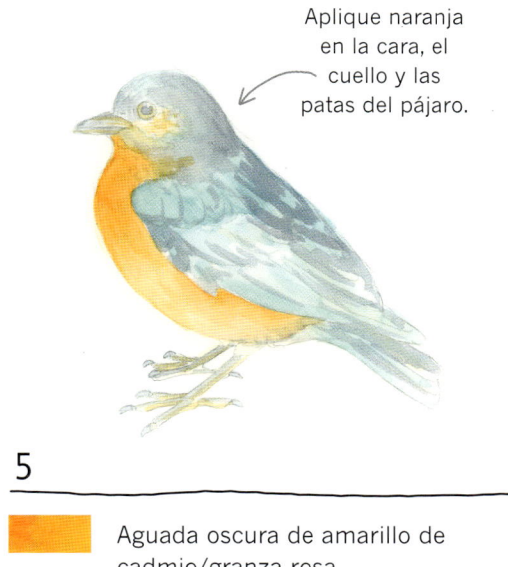

Aplique naranja en la cara, el cuello y las patas del pájaro.

5

Aguada oscura de amarillo de cadmio/granza rosa

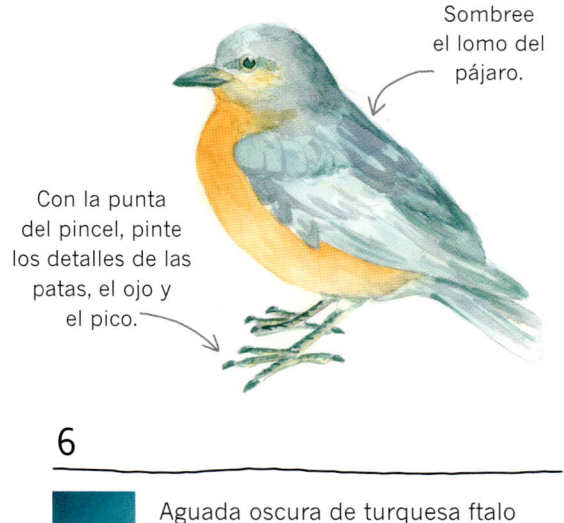

Sombree el lomo del pájaro.

Con la punta del pincel, pinte los detalles de las patas, el ojo y el pico.

6

Aguada oscura de turquesa ftalo

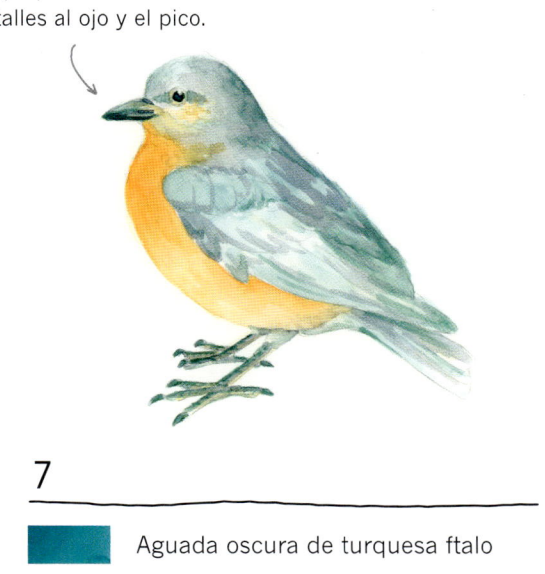

Cargue el pincel con más pigmento y aplique los últimos detalles al ojo y el pico.

7

Aguada oscura de turquesa ftalo

Embeleso estival

Con esta paleta de tres colores se obtienen tonos difusos y azules de ensueño: tonalidades que evocan un largo día bajo el sol. Es una combinación relajada y sensual que se presta a la pintura al aire libre.

LOS COLORES

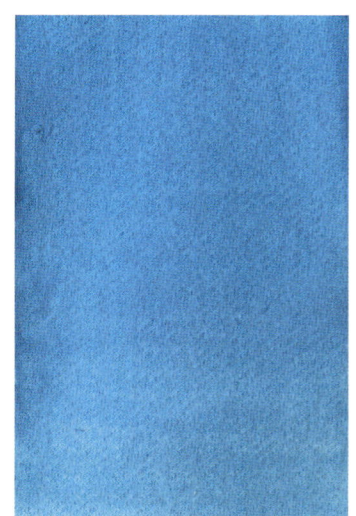  

Azul cerúleo   Ocre amarillo   Turquesa ftalo

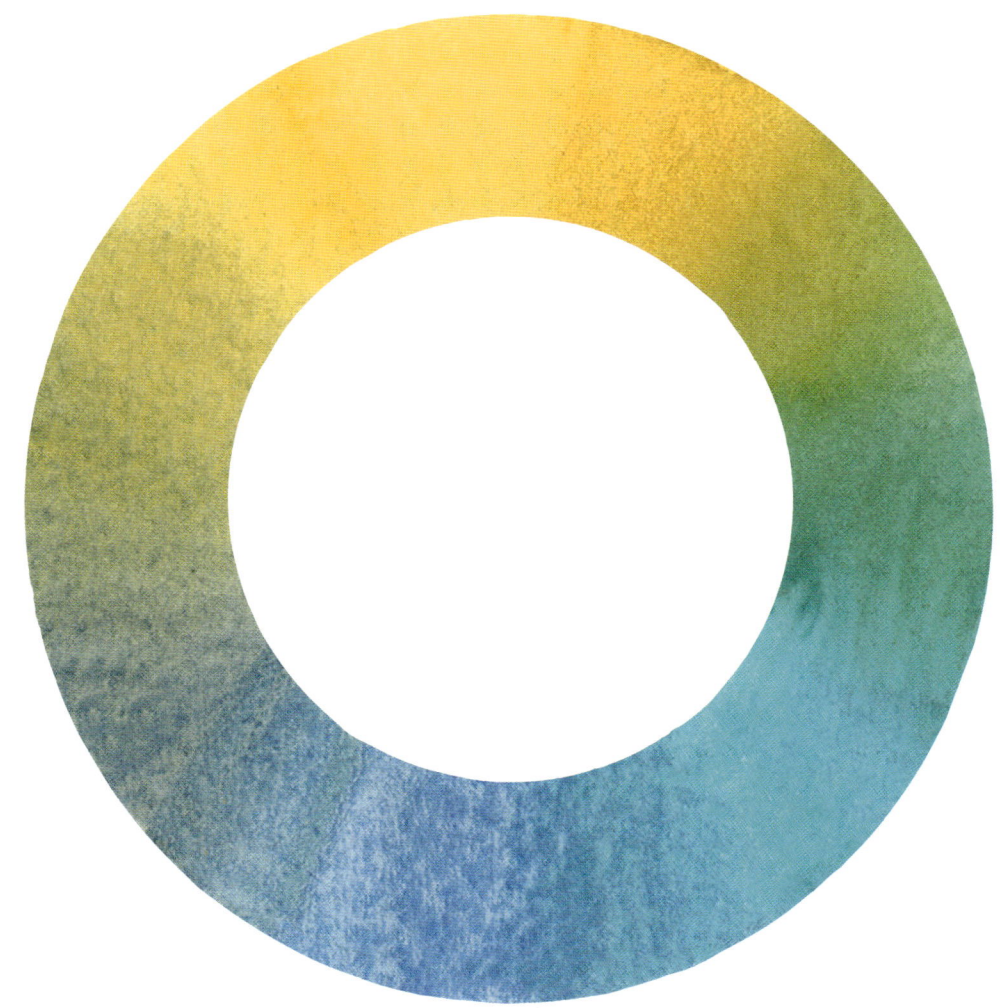

Mezcla

Aquí se muestra un sencillo círculo cromático en el que los tres colores se fusionan con los que tienen al lado. En la página siguiente encontrará una carta que ilustra la interacción mutua de los colores.

CARTA DE COLORES

Cada color se muestra en dos intensidades: una aguada oscura y una aguada clara. Véase la pág. 19 para obtener más información sobre las aguadas.

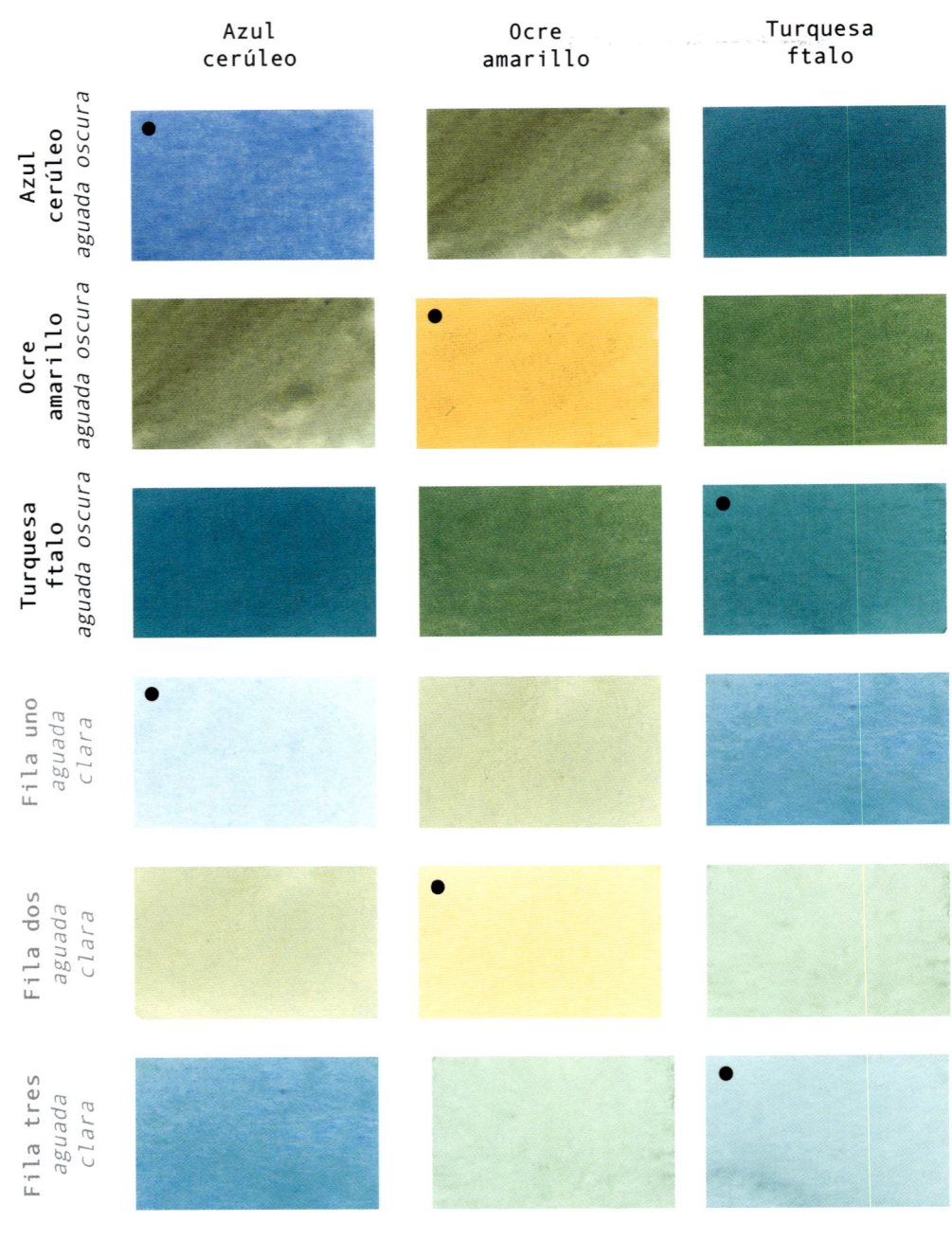

	Azul cerúleo	Ocre amarillo	Turquesa ftalo
Azul cerúleo *aguada oscura*	●		
Ocre amarillo *aguada oscura*		●	
Turquesa ftalo *aguada oscura*			●
Fila uno *aguada clara*	●		
Fila dos *aguada clara*		●	
Fila tres *aguada clara*			●

● Colores puros

Los proyectos

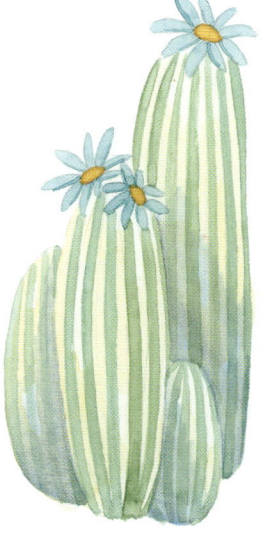

1. CACTUS EN FLOR

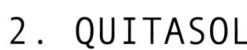

2. QUITASOL

3. MI DIARIO

PROYECTO

1

Cactus en flor

Aplique pinceladas largas y sutiles hacia abajo para crear la textura peculiar de este cactus florido. Sugerencia: tal vez le resulte más cómodo girar la página cuando pinte líneas largas como estas.

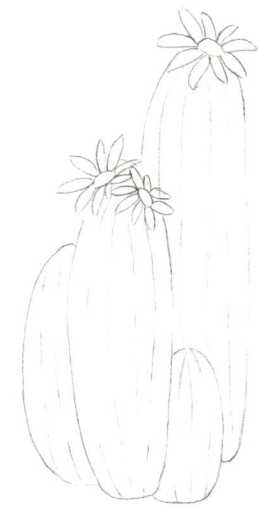

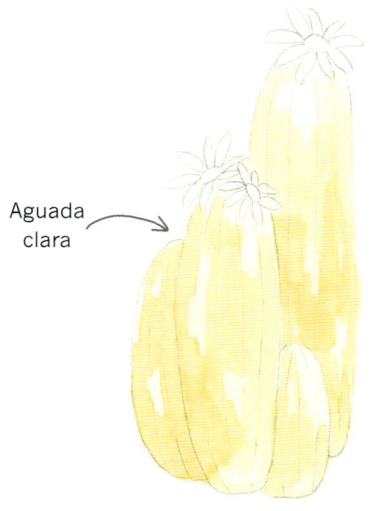

Aguada clara

1

Para empezar, haga un sencillo dibujo a lápiz.

2

Aguada clara de ocre amarillo

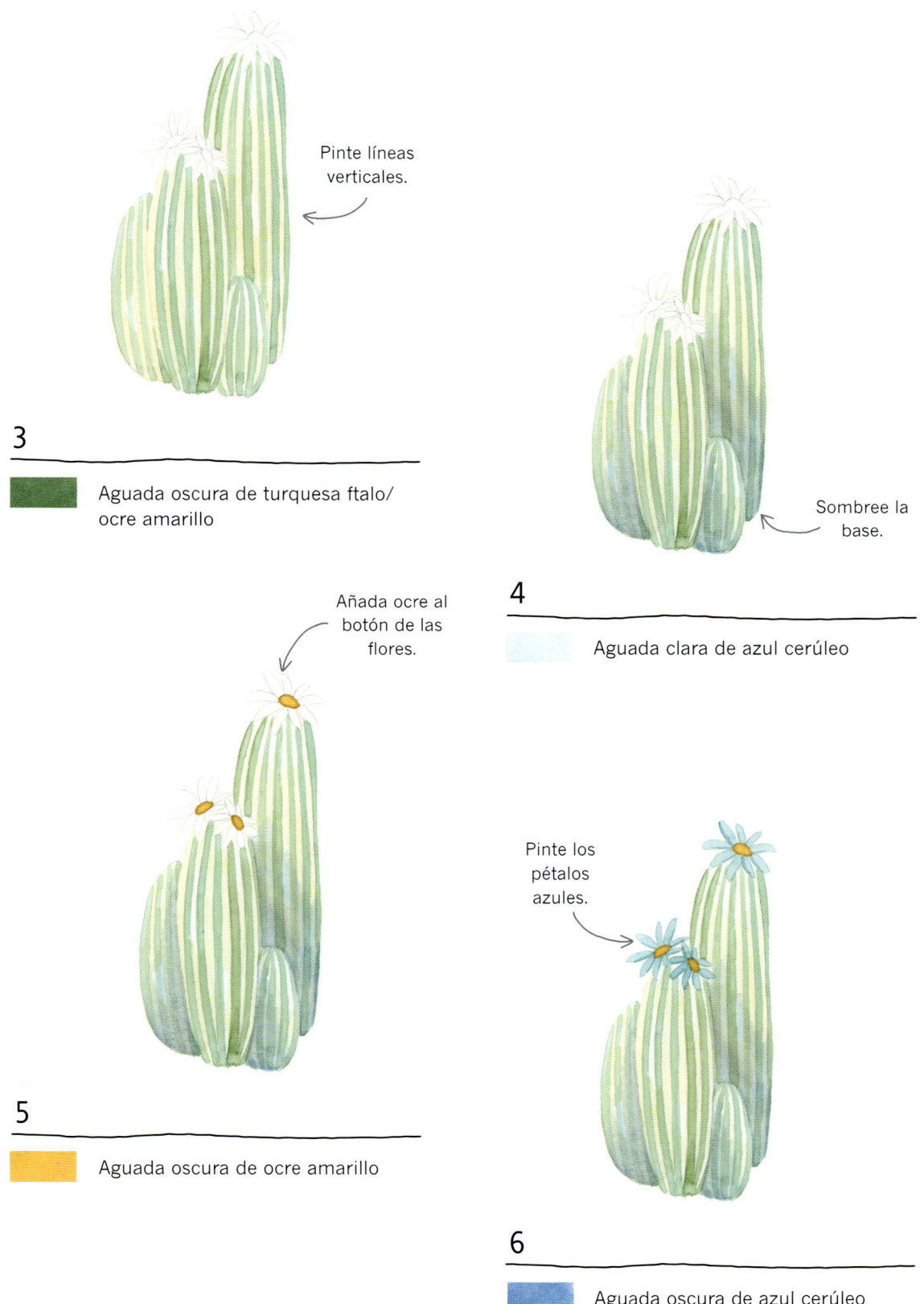

Pinte líneas
verticales.

3

Aguada oscura de turquesa ftalo/
ocre amarillo

Sombree la
base.

4

Aguada clara de azul cerúleo

Añada ocre al
botón de las
flores.

Pinte los
pétalos
azules.

5

Aguada oscura de ocre amarillo

6

Aguada oscura de azul cerúleo

2 | Quitasol

Relájese con una lectura de verano, tómese una bebida fría a sorbitos y protéjase el rostro del sol con este alegre quitasol. Pinte el fleco del contorno con la punta del pincel: satisfacción garantizada.

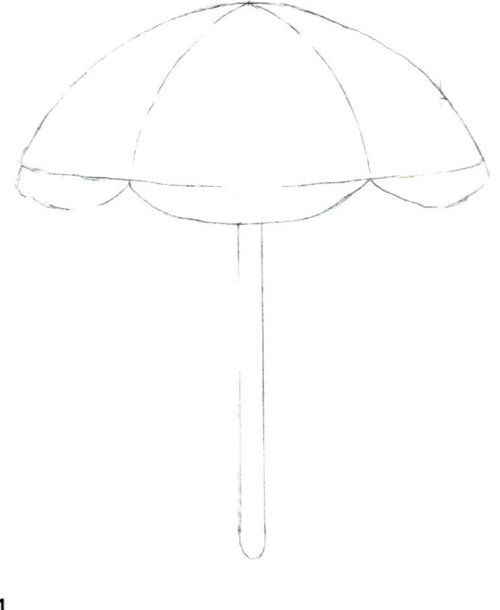

1

Para empezar, haga un sencillo dibujo a lápiz.

Pinte con una aguada más oscura uno de los paneles y el borde para dar la sensación de peso.

Aplique una aguada más clara al otro lado.

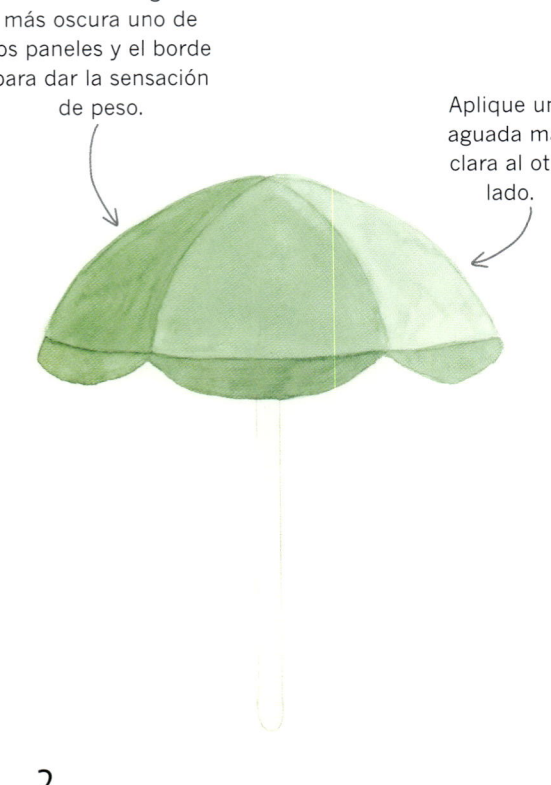

2

■ Aguada clara de turquesa ftalo/ ocre amarillo

■ Aguada oscura de turquesa ftalo/ ocre amarillo

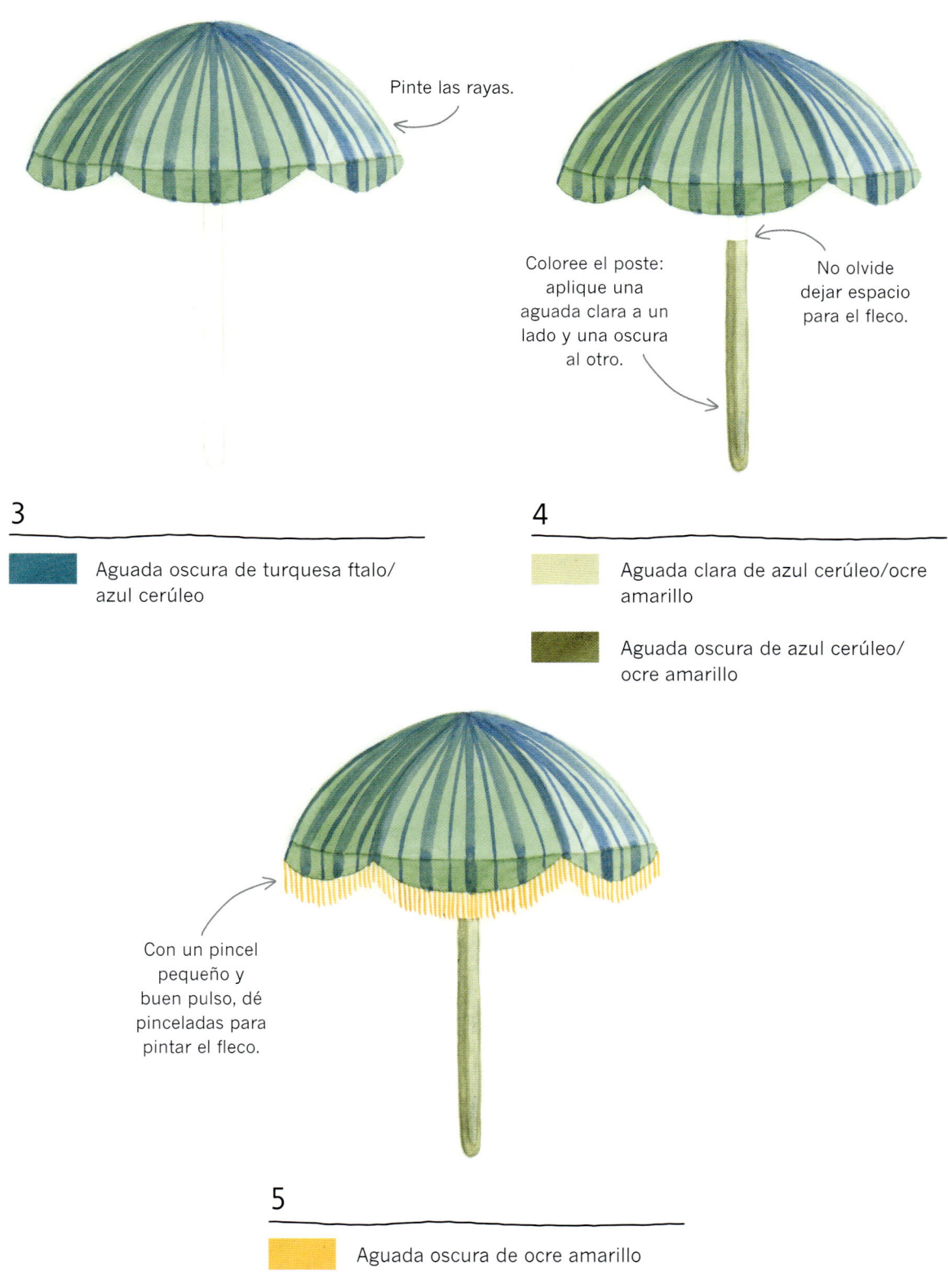

Pinte las rayas.

Coloree el poste: aplique una aguada clara a un lado y una oscura al otro.

No olvide dejar espacio para el fleco.

3

■ Aguada oscura de turquesa ftalo/ azul cerúleo

4

■ Aguada clara de azul cerúleo/ocre amarillo

■ Aguada oscura de azul cerúleo/ ocre amarillo

Con un pincel pequeño y buen pulso, dé pinceladas para pintar el fleco.

5

■ Aguada oscura de ocre amarillo

PROYECTO

3

Mi diario

Tiempo para la creatividad y la reflexión con este elegante proyecto. La aguada irregular de las páginas del diario es clave para crear el efecto agradable del tacto del papel.

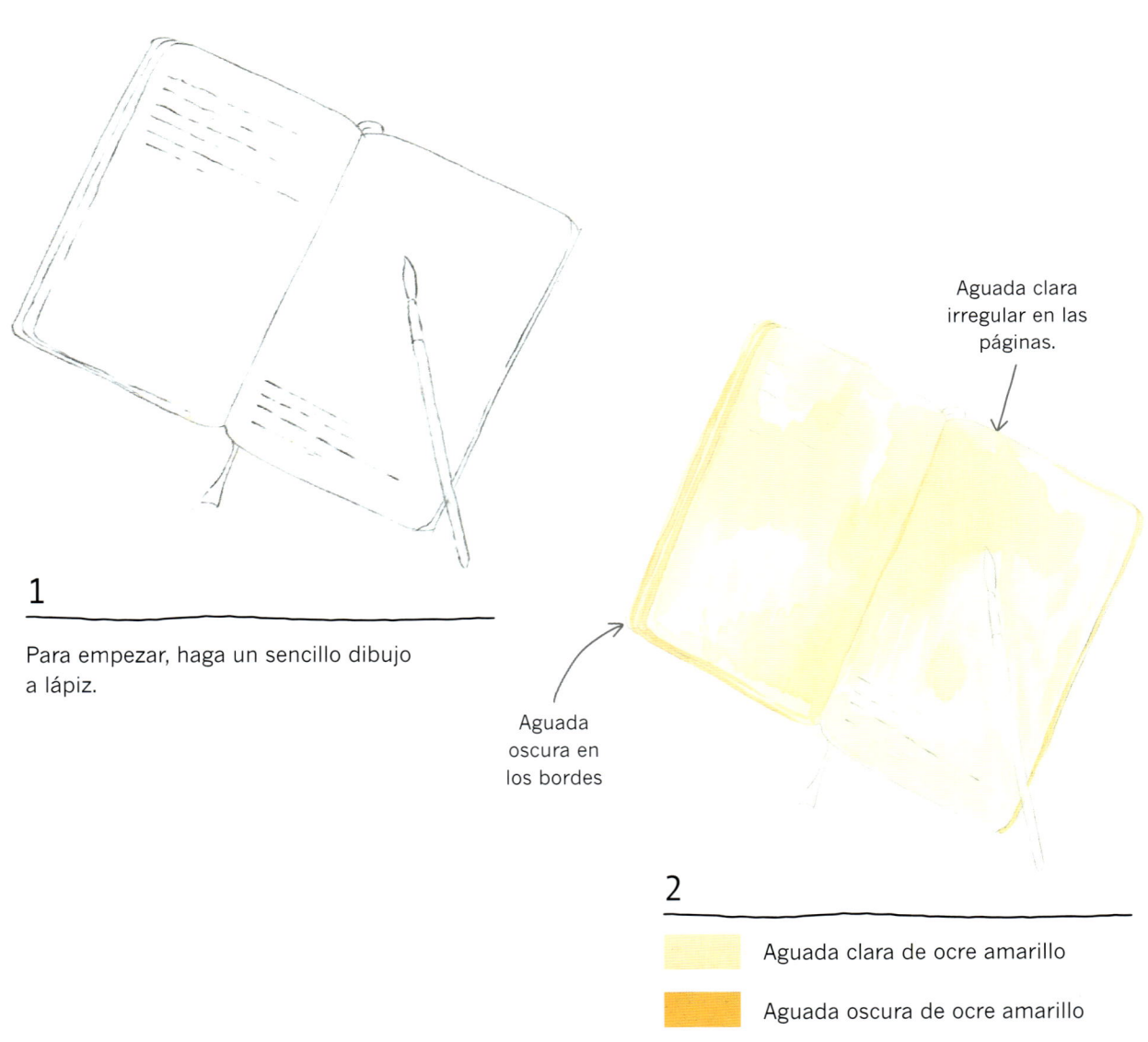

Aguada clara irregular en las páginas.

Aguada oscura en los bordes

1

Para empezar, haga un sencillo dibujo a lápiz.

2

Aguada clara de ocre amarillo

Aguada oscura de ocre amarillo

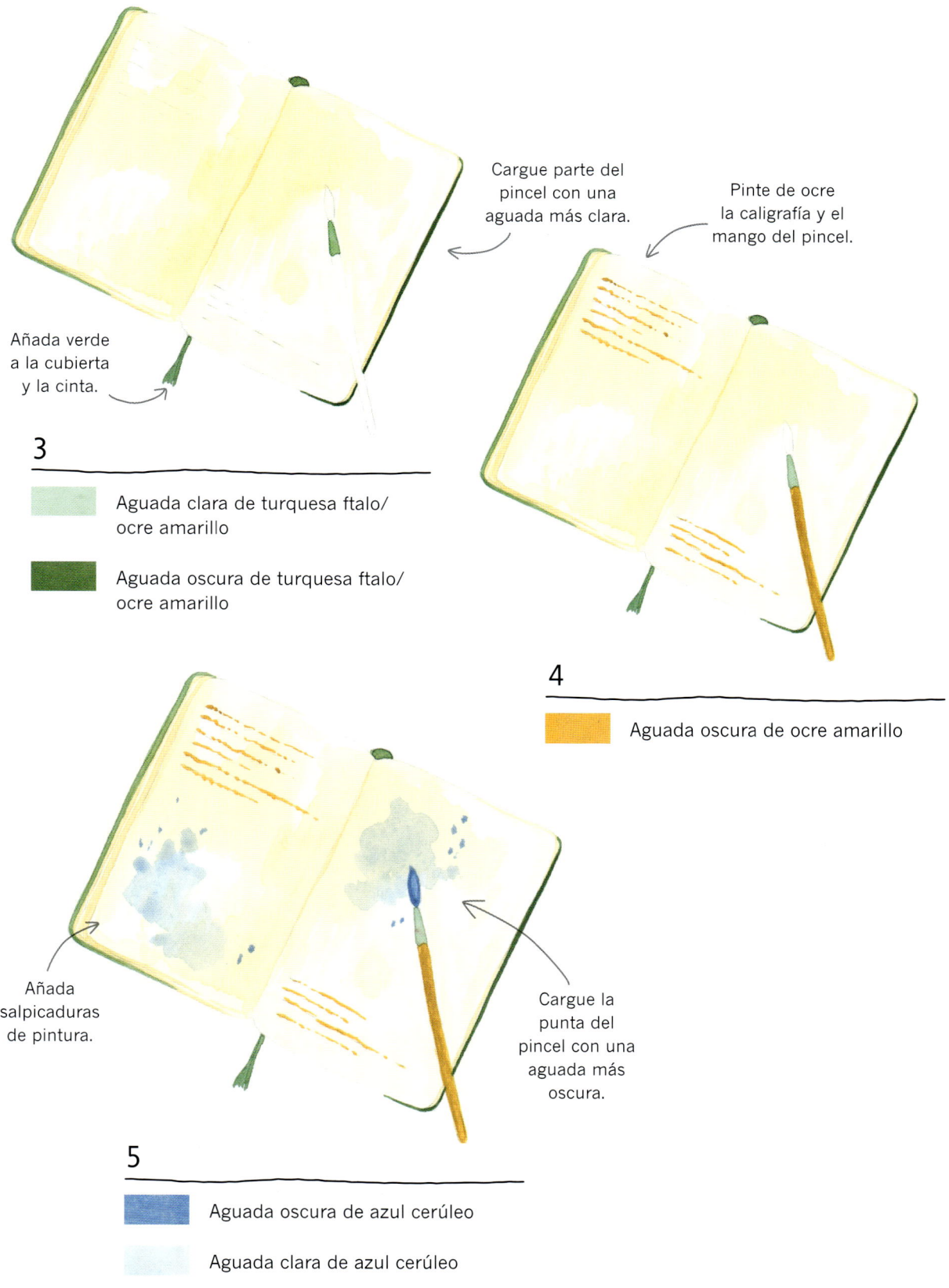

Cargue parte del
pincel con una
aguada más clara.

Pinte de ocre
la caligrafía y el
mango del pincel.

Añada verde
a la cubierta
y la cinta.

3

Aguada clara de turquesa ftalo/
ocre amarillo

Aguada oscura de turquesa ftalo/
ocre amarillo

4

Aguada oscura de ocre amarillo

Añada
salpicaduras
de pintura.

Cargue la
punta del
pincel con una
aguada más
oscura.

5

Aguada oscura de azul cerúleo

Aguada clara de azul cerúleo

Resplandor otoñal

Esta paleta de tres colores es pura luz dorada.
Crea un efecto precioso y embriagador que evoca la luz
del sol vespertino filtrándose entre las hojas otoñales.

— LOS COLORES —

Verde oro

Naranja de cadmio

Titanio beige

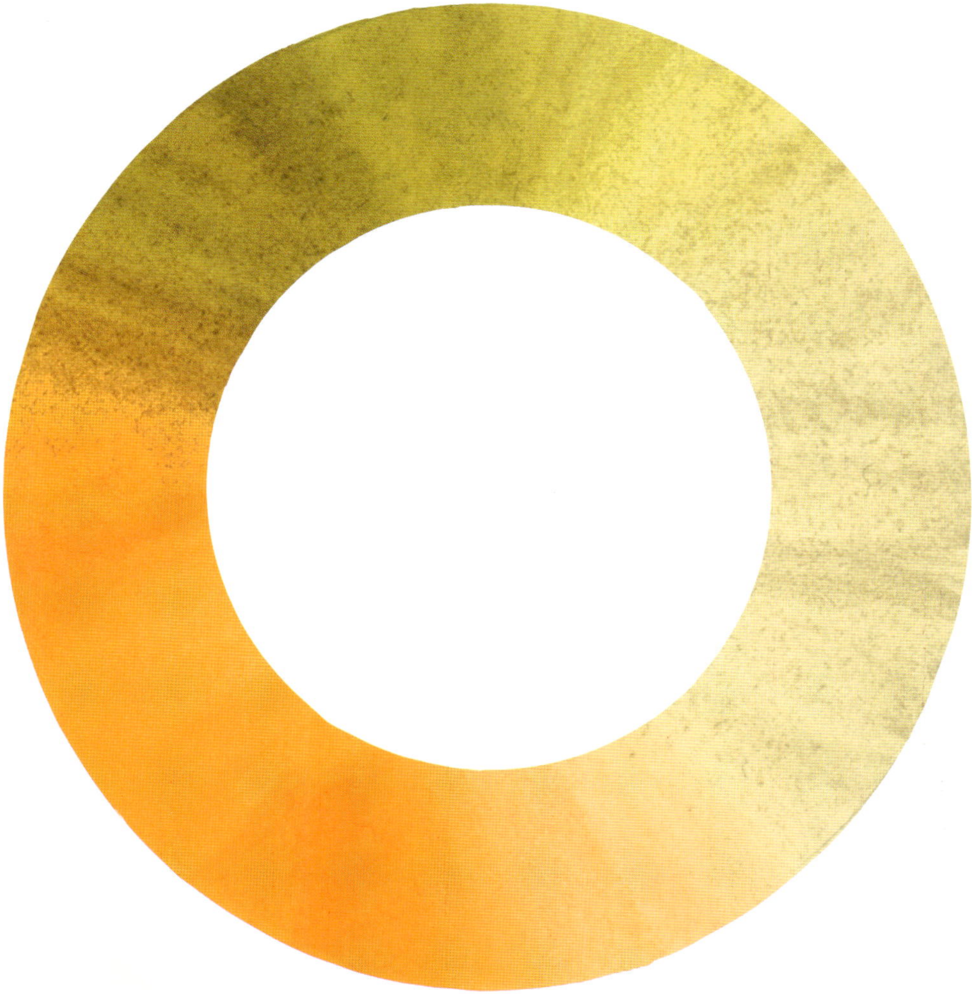

Mezcla

Aquí se muestra un sencillo círculo cromático en el que los tres colores se fusionan con los que tienen al lado. En la página siguiente encontrará una carta que ilustra la interacción mutua de los colores.

CARTA DE COLORES

Cada color se muestra en dos intensidades: una aguada oscura y una aguada clara. Véase la pág. 19 para obtener más información sobre las aguadas.

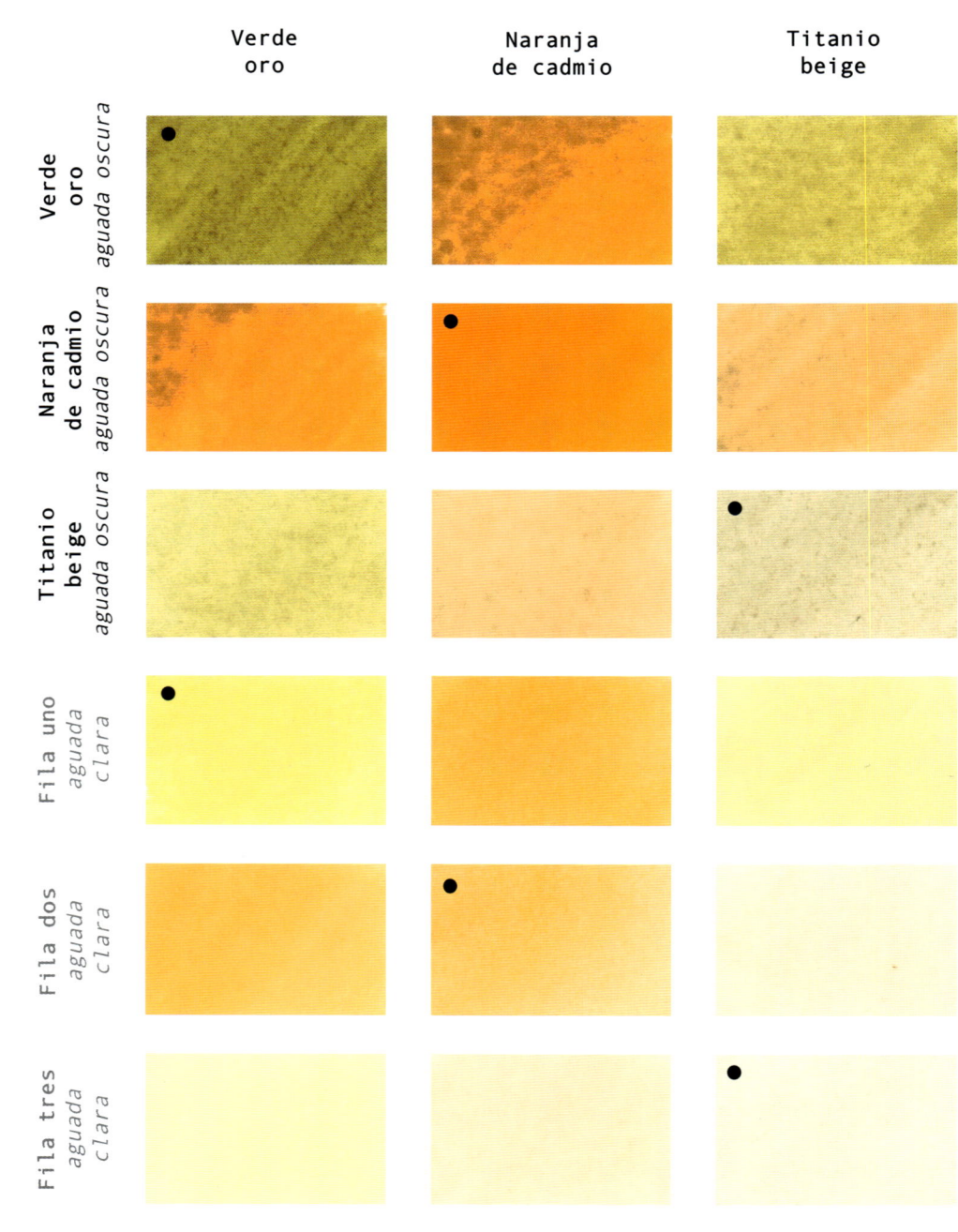

	Verde oro	Naranja de cadmio	Titanio beige
Verde oro *aguada oscura*			
Naranja de cadmio *aguada oscura*			
Titanio beige *aguada oscura*			
Fila uno *aguada clara*			
Fila dos *aguada clara*			
Fila tres *aguada clara*			

● Colores puros

Los proyectos

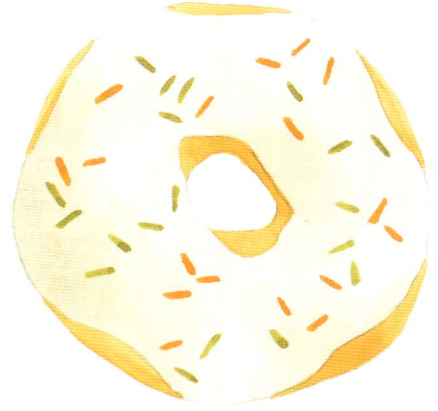

1. DÓNUT
_____

2. SETA
_____

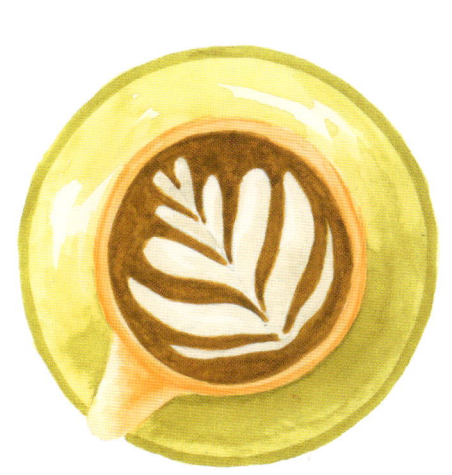

3. CAFÉ CON LECHE
_____

1 | 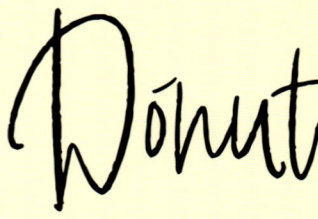 Dónut

La clave está en disfrutar de los pequeños placeres de la vida.
Inspire, mire por la ventana, tome un sorbo de café con leche
y mordisquee este dulce dónut.

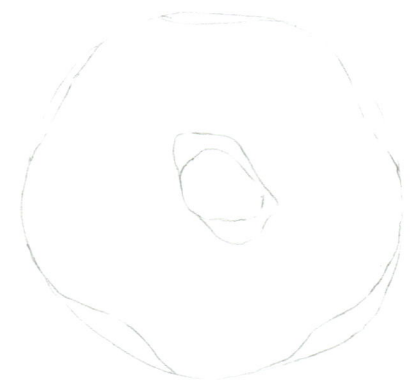

1

Para empezar, haga un sencillo dibujo a lápiz.

Aguada
clara.

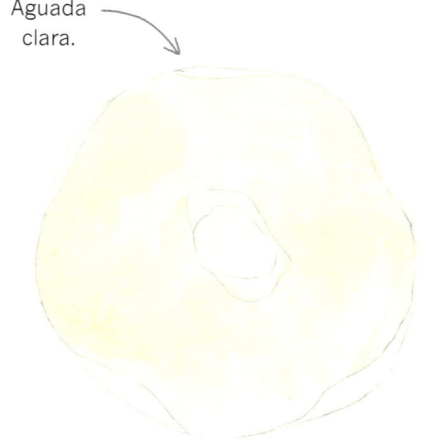

2

Aguada clara de titanio beige

Dé color
al dónut.

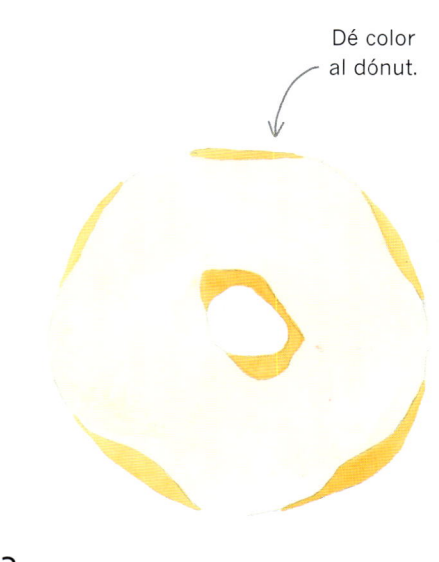

3

Aguada clara de verde oro/
naranja de cadmio

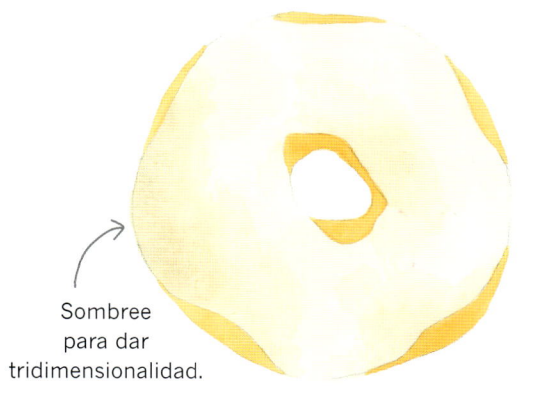

Sombree para dar tridimensionalidad.

4

Aguada clara de titanio beige/ naranja de cadmio

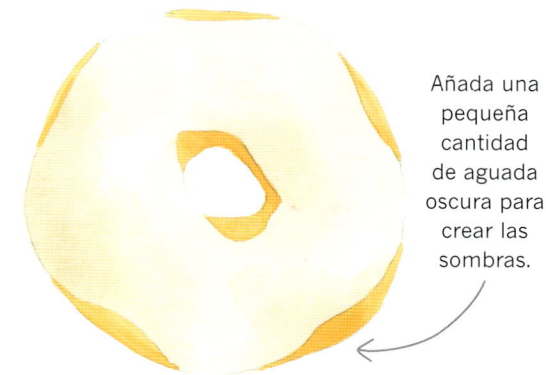

Añada una pequeña cantidad de aguada oscura para crear las sombras.

5

Aguada oscura de verde oro/naranja de cadmio

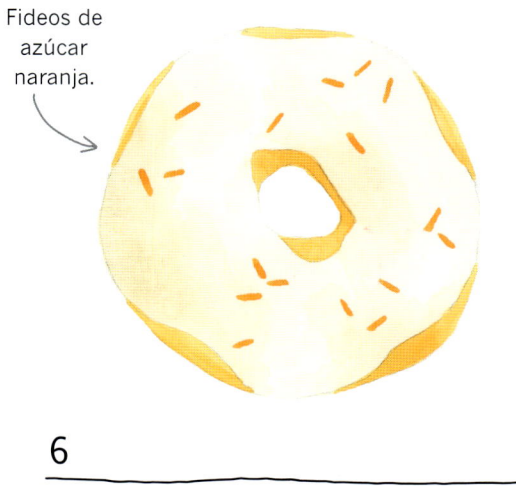

Fideos de azúcar naranja.

6

Aguada oscura de naranja de cadmio

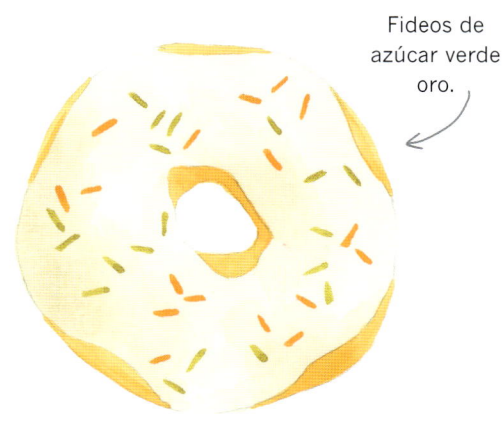

Fideos de azúcar verde oro.

7

Aguada oscura de verde oro

PROYECTO

2

Seta

No hace falta salir al bosque a buscar setas: puede cultivarlas con esta sencilla paleta de tres colores. Le irá bien disponer de un pincel pequeño para las motitas.

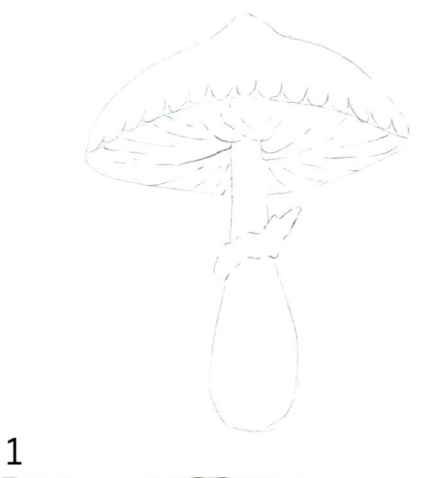

1

Para empezar, haga un sencillo dibujo a lápiz.

Aplique una aguada cálida al sombrerillo.

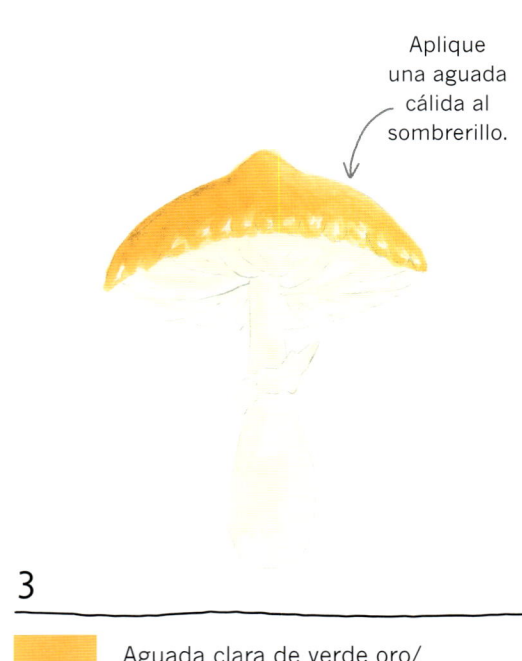

3

▮ Aguada clara de verde oro/ naranja de cadmio

Aguada clara

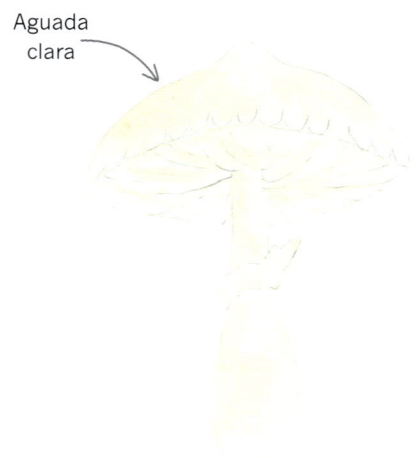

2

▮ Aguada clara de titanio beige

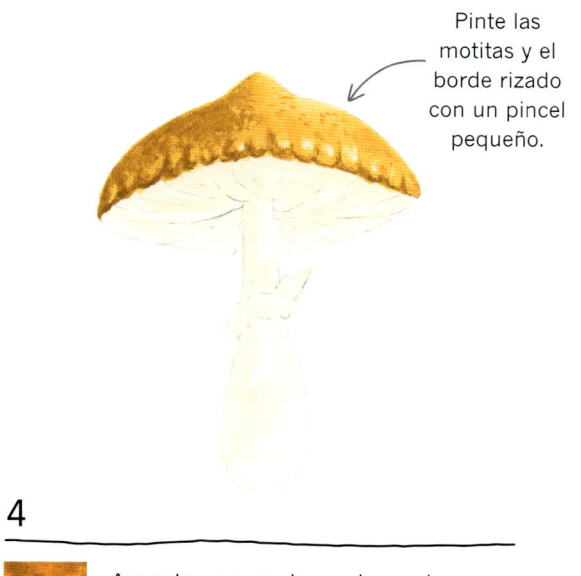

Pinte las motitas y el borde rizado con un pincel pequeño.

4

Aguada oscura de verde oro/ naranja de cadmio

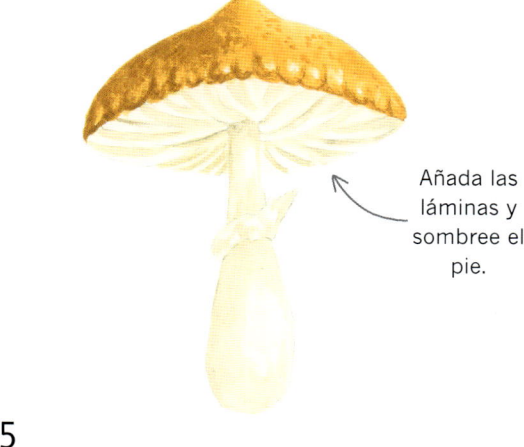

Añada las láminas y sombree el pie.

5

Aguada clara de naranja de cadmio/ titanio beige

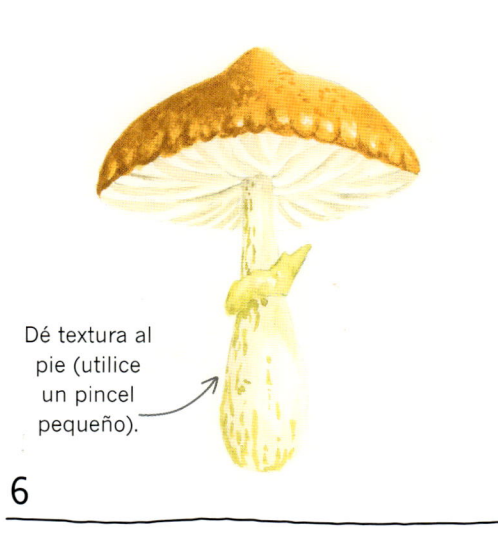

Dé textura al pie (utilice un pincel pequeño).

6

Aguada oscura de verde oro

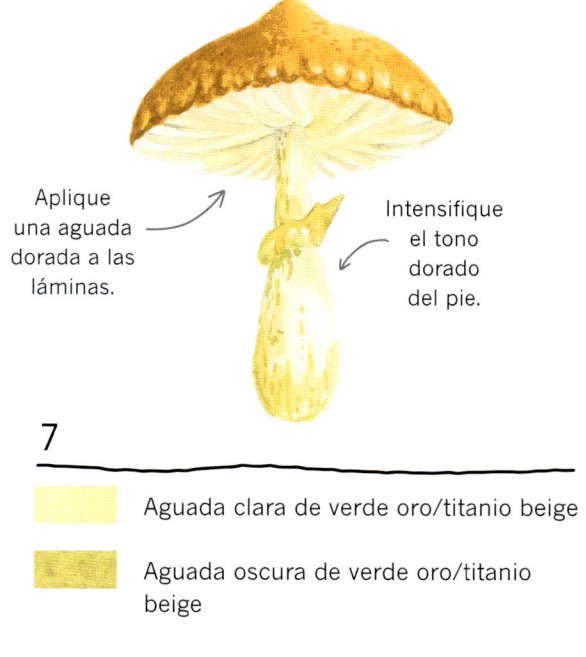

Aplique una aguada dorada a las láminas.

Intensifique el tono dorado del pie.

7

Aguada clara de verde oro/titanio beige

Aguada oscura de verde oro/titanio beige

PROYECTO 3

Café con leche

Café con leche, capuchino o café moca: sea cual sea su favorito, no hay nada como una taza de café caliente para empezar el día. Practique sus dotes de barista con este café con leche artístico.

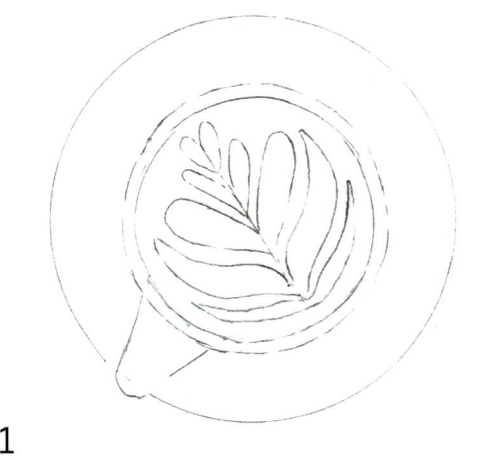

1

Para empezar, haga un sencillo dibujo a lápiz.

Aguada clara.

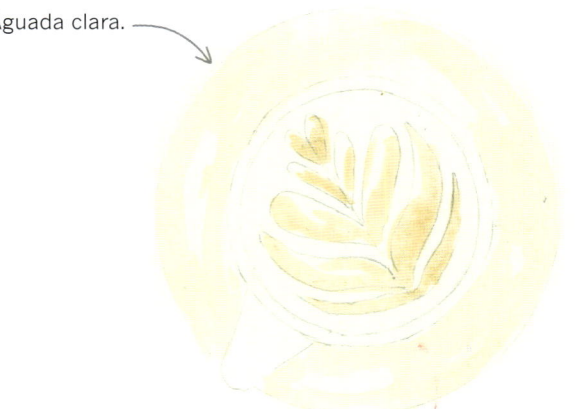

2

Aguada clara de titanio beige

Sugerencia

Con la mezcla de los tres colores de esta paleta obtendrá un marrón dorado. Si prefiere que quede más claro, cargue menos pigmento en el pincel.

Aplique una aguada cálida de color café.

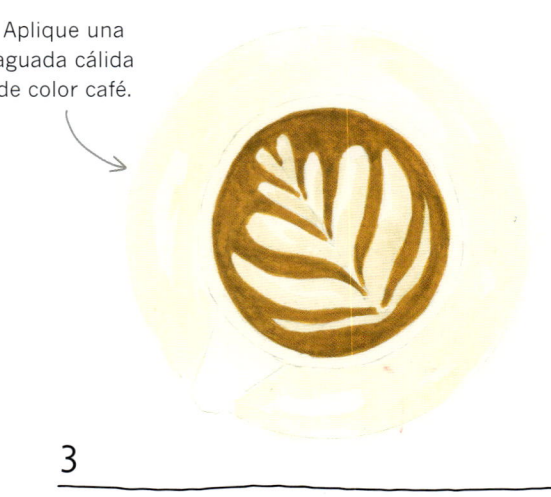

3

Aguada oscura de los tres colores

Aplique una aguada clara al plato; recuerde dejar espacio negativo para los reflejos.

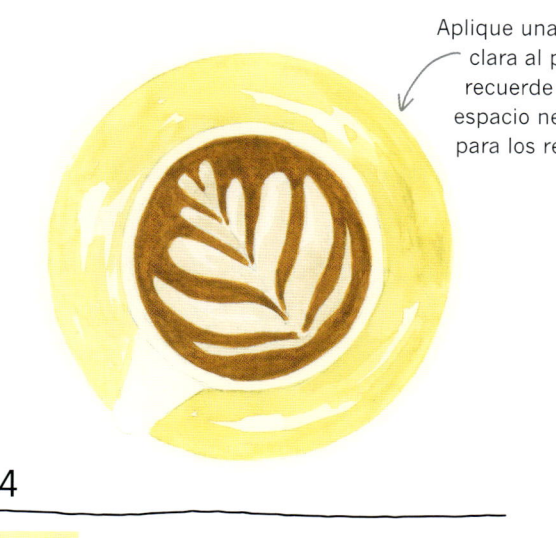

4

Aguada clara de verde oro

Dé color al plato y añada un borde.

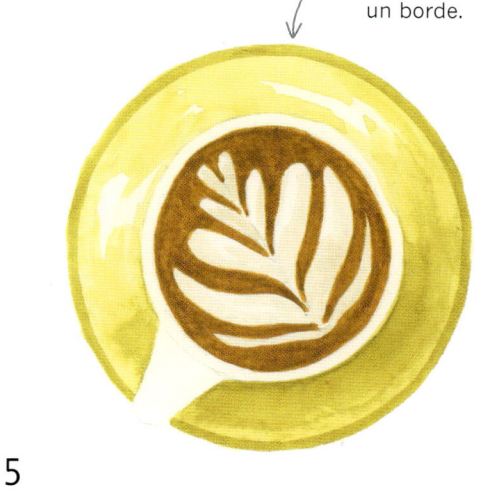

5

Aguada oscura de verde oro

Añada una capa base de calidez al borde y el asa.

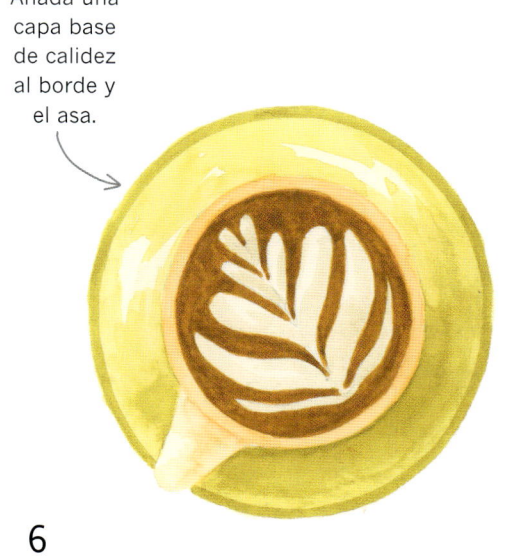

6

Aguada clara de titanio beige/ naranja de cadmio

Sombree y defina el borde de la taza.

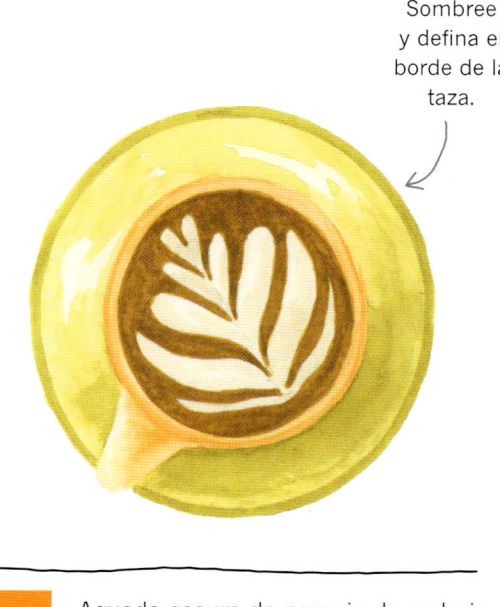

7

Aguada oscura de naranja de cadmio

Ambiente navideño

Esta paleta de tres colores es cálida, intensa y suntuosa.
Se trata de una combinación alegre que resulta ideal
para la fruta y los objetos coloridos de la casa.
¡Ya se respira ambiente navideño!

LOS COLORES

Apatita verde genuina

Carmesí alizarina

Amarillo de cadmio

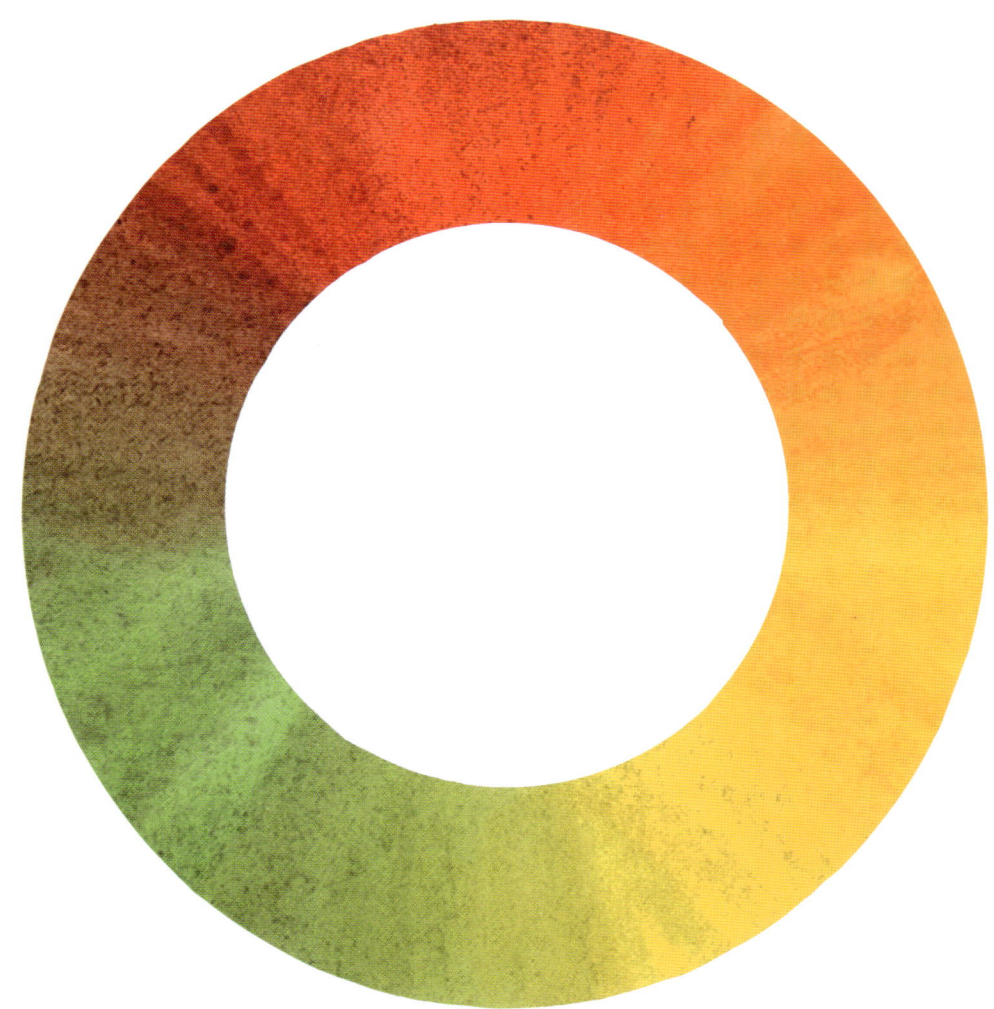

Mezcla

Aquí se muestra un sencillo círculo cromático en el que los tres colores se fusionan con los que tienen al lado. En la página siguiente encontrará una carta que ilustra la interacción mutua de los colores.

CARTA DE COLORES

Cada color se muestra en dos intensidades: una aguada oscura y una aguada clara. Véase la pág. 19 para obtener más información sobre las aguadas.

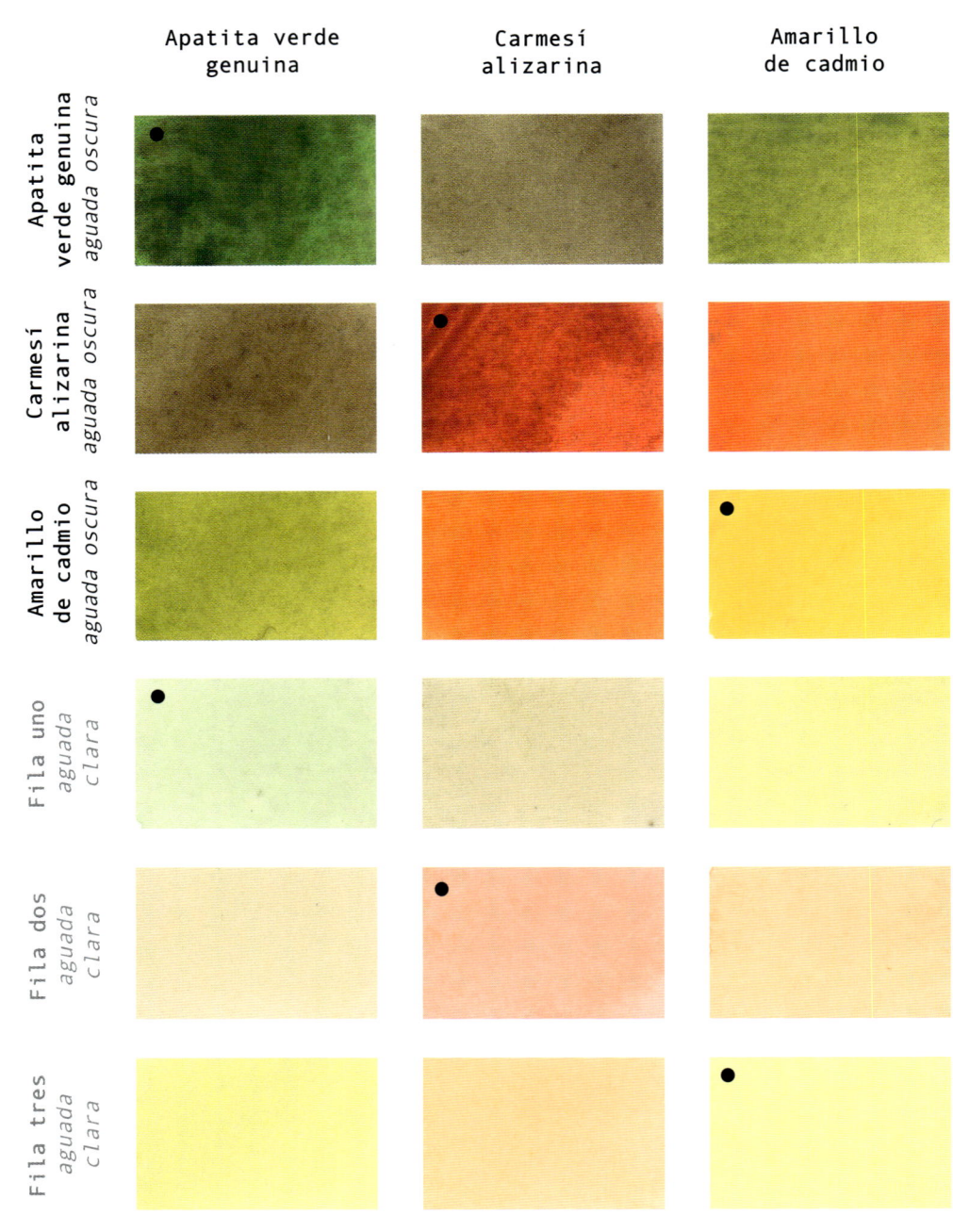

Apatita verde genuina

Carmesí alizarina

Amarillo de cadmio

Apatita verde genuina *aguada oscura*

Carmesí alizarina *aguada oscura*

Amarillo de cadmio *aguada oscura*

Fila uno *aguada clara*

Fila dos *aguada clara*

Fila tres *aguada clara*

● Colores puros

Los proyectos

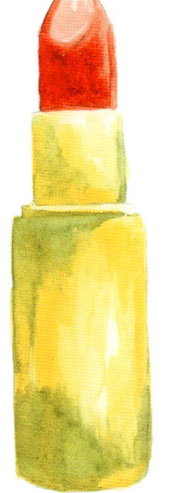

1. PINTALABIOS ROJO

2. LÁMPARA DE NOCHE

3. REGALO

Pintalabios rojo

Sencillo pero glamuroso a la vez. Nada demuestra tanto la confianza en uno mismo como un pintalabios rojo. Este proyecto tan gratificante sube el ánimo al instante.

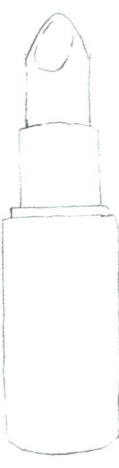

1

Para empezar, haga un sencillo dibujo a lápiz.

Aplique una aguada clara al pintalabios.

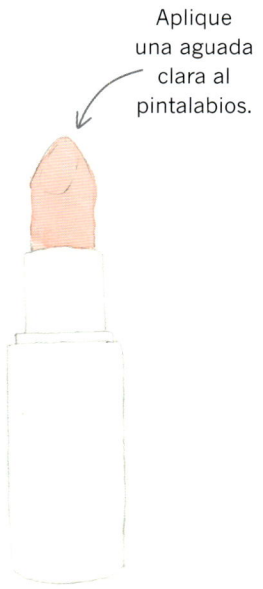

2

Aguada clara de carmesí alizarina

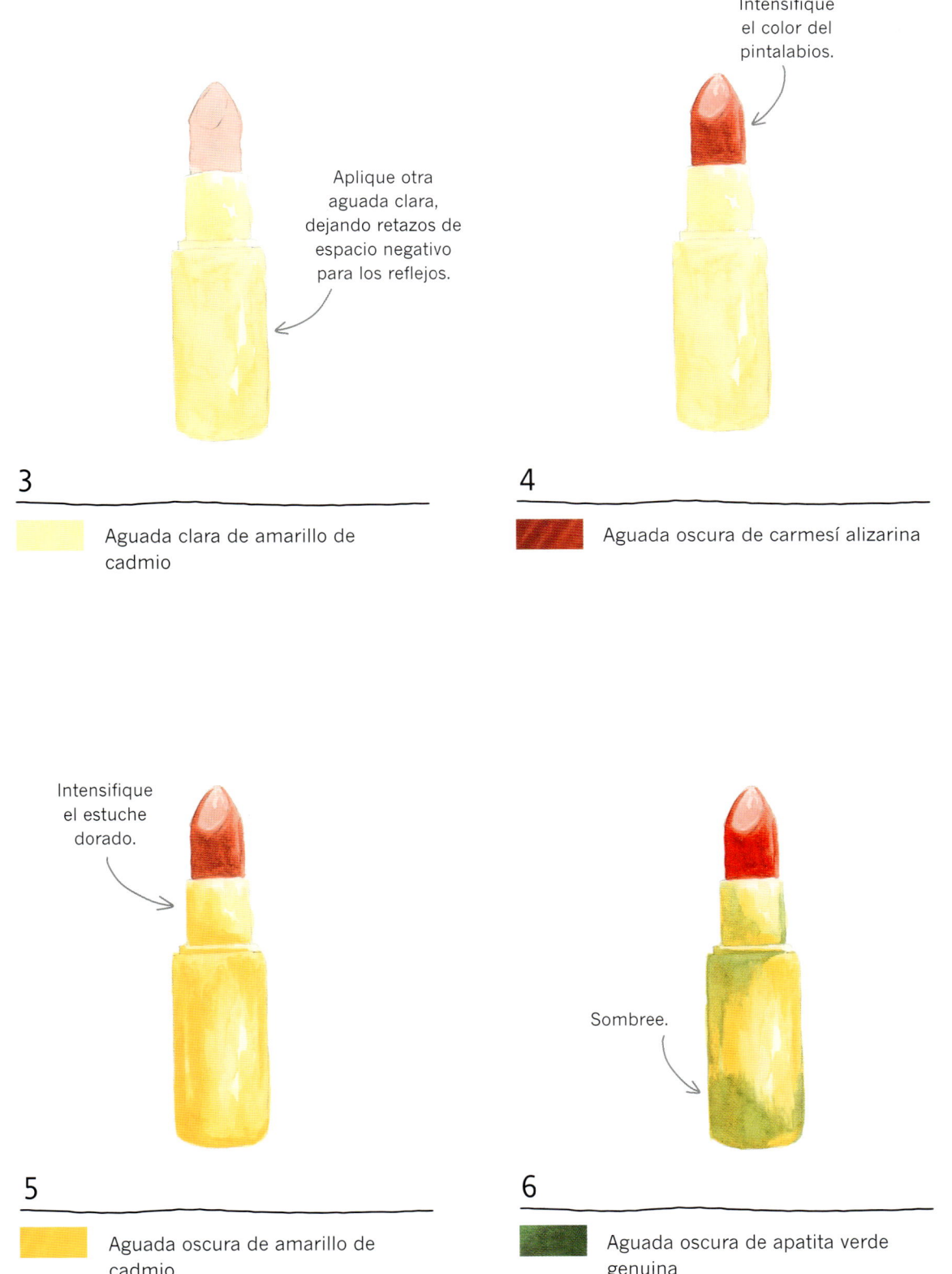

Intensifique
el color del
pintalabios.

Aplique otra
aguada clara,
dejando retazos de
espacio negativo
para los reflejos.

3

Aguada clara de amarillo de
cadmio

4

Aguada oscura de carmesí alizarina

Intensifique
el estuche
dorado.

Sombree.

5

Aguada oscura de amarillo de
cadmio

6

Aguada oscura de apatita verde
genuina

2 Lámpara de noche

Diviértase jugando con la textura en este proyecto, donde la pantalla textil contrasta con el pie liso de cerámica. El resultado será un objeto que cualquier interiorista estaría orgulloso de tener en su mesita de noche.

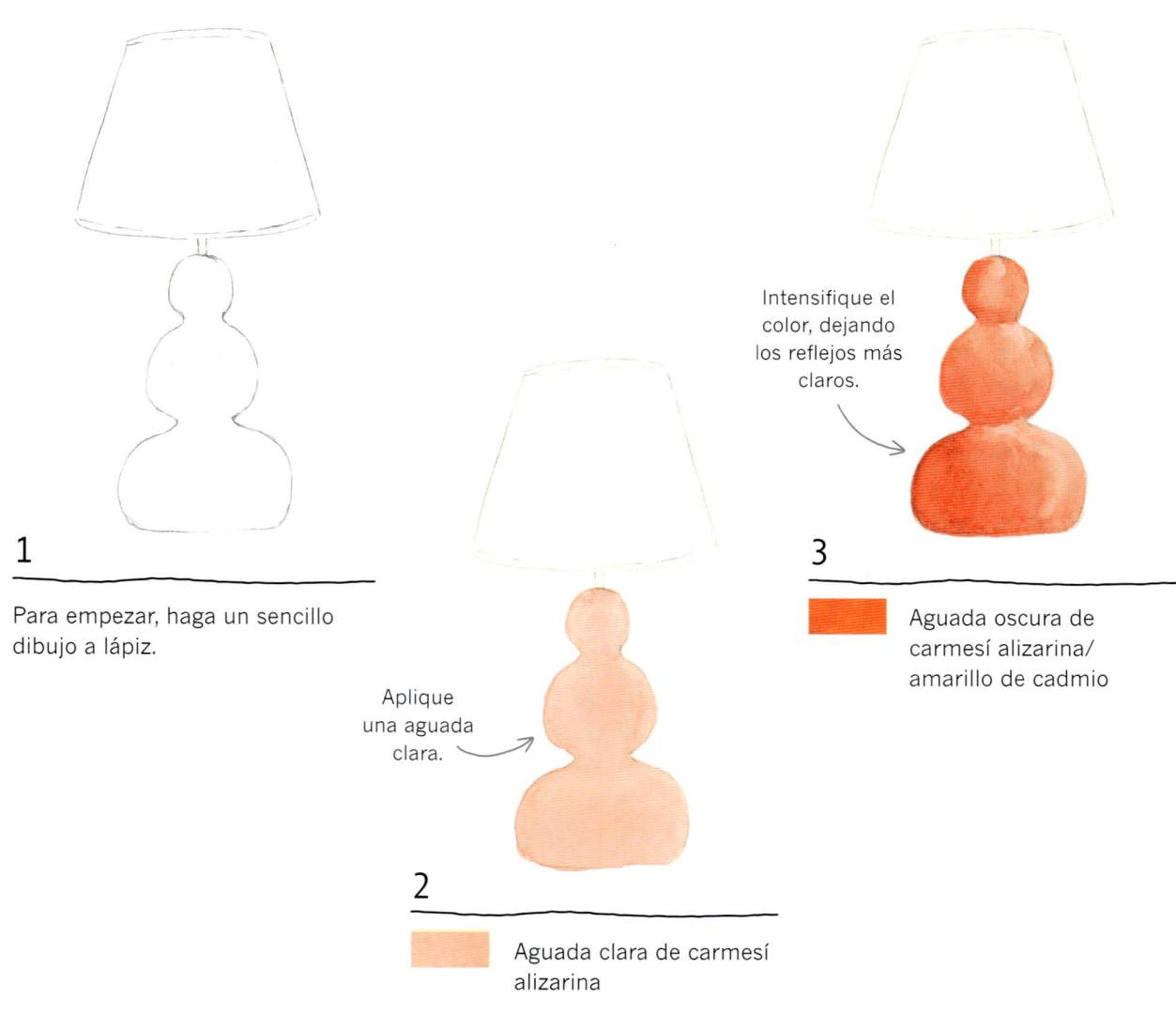

1

Para empezar, haga un sencillo dibujo a lápiz.

Aplique una aguada clara.

2

Aguada clara de carmesí alizarina

Intensifique el color, dejando los reflejos más claros.

3

Aguada oscura de carmesí alizarina/ amarillo de cadmio

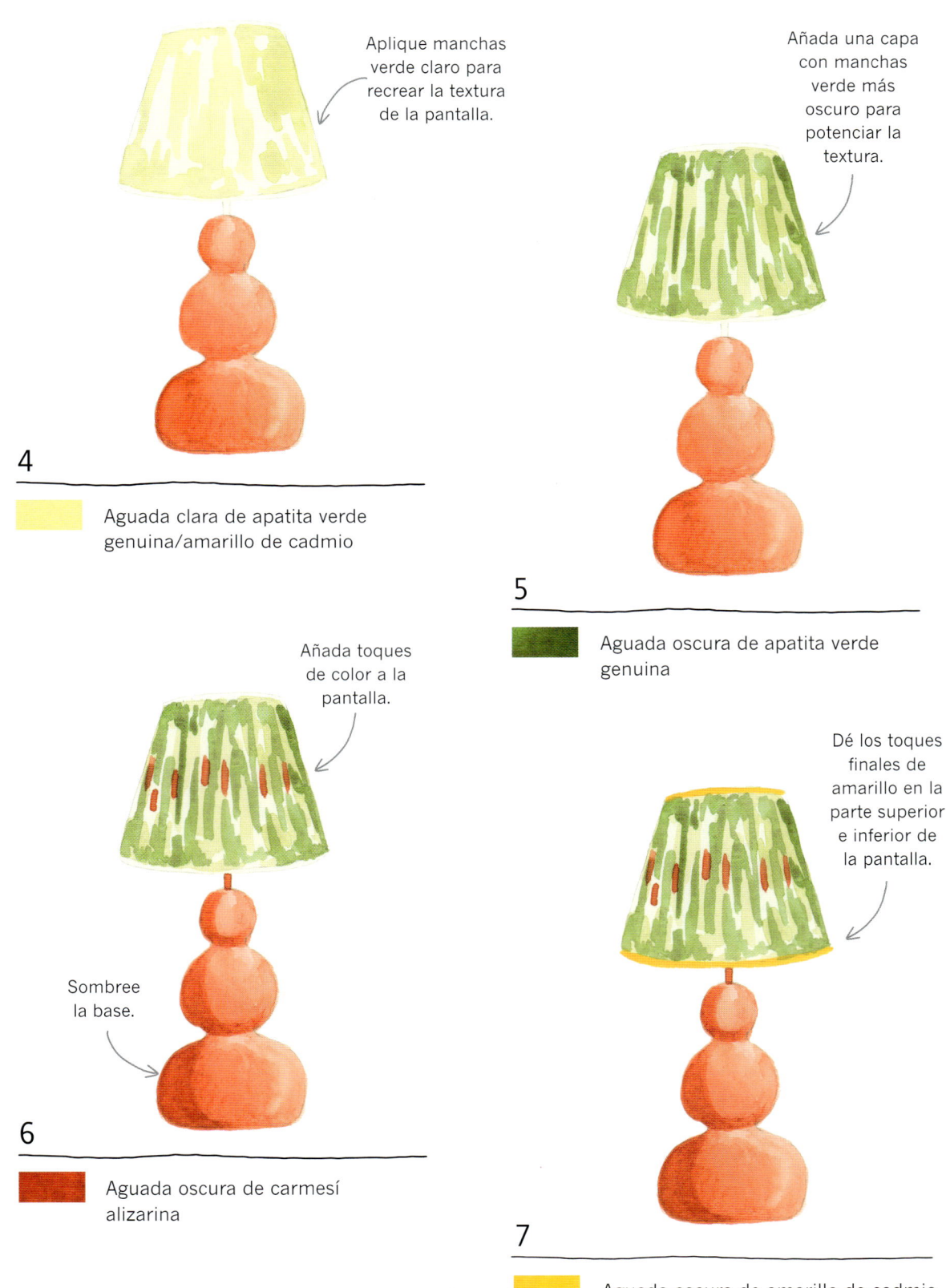

Aplique manchas
verde claro para
recrear la textura
de la pantalla.

Añada una capa
con manchas
verde más
oscuro para
potenciar la
textura.

4

Aguada clara de apatita verde
genuina/amarillo de cadmio

5

Aguada oscura de apatita verde
genuina

Añada toques
de color a la
pantalla.

Dé los toques
finales de
amarillo en la
parte superior
e inferior de
la pantalla.

Sombree
la base.

6

Aguada oscura de carmesí
alizarina

7

Aguada oscura de amarillo de cadmio

PROYECTO

3

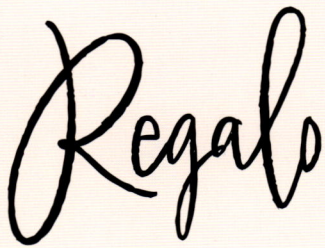

Regalo

Dé comienzo a las fiestas con este precioso paquete envuelto en papel de regalo. Con solo tres colores podrá pintar el llamativo papel de rayas y la cinta roja. ¿Por qué no va un poco más allá y le regala la acuarela a alguien cuando la termine?

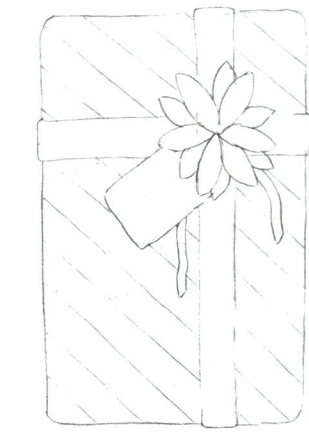

1

Para empezar, haga un sencillo dibujo a lápiz.

Aguada clara.

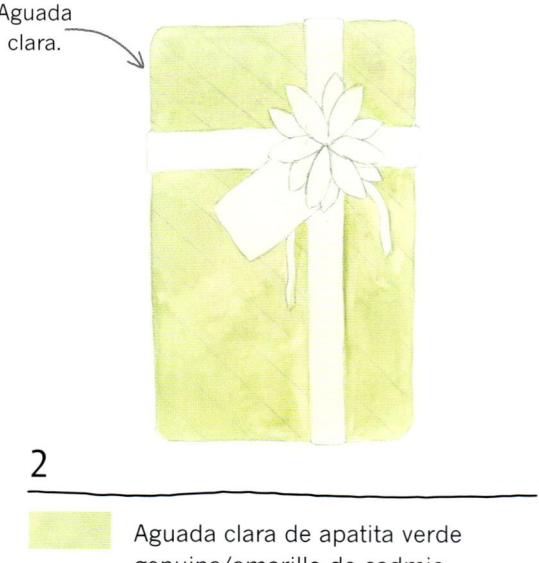

2

Aguada clara de apatita verde genuina/amarillo de cadmio

Rayas de colores.

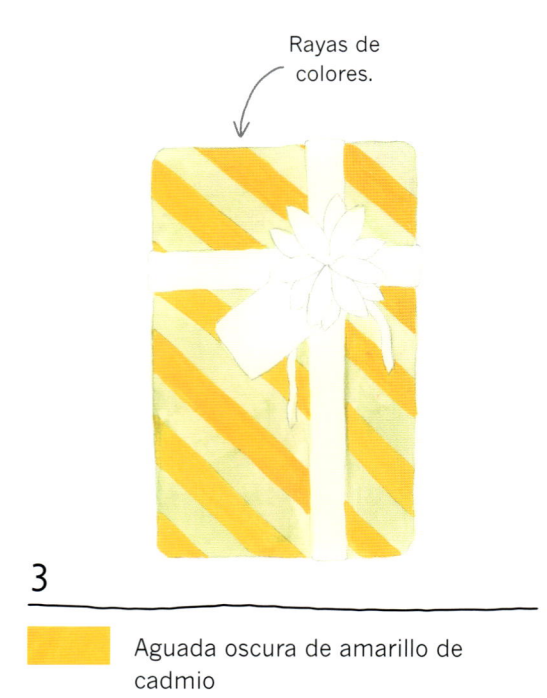

3

Aguada oscura de amarillo de cadmio

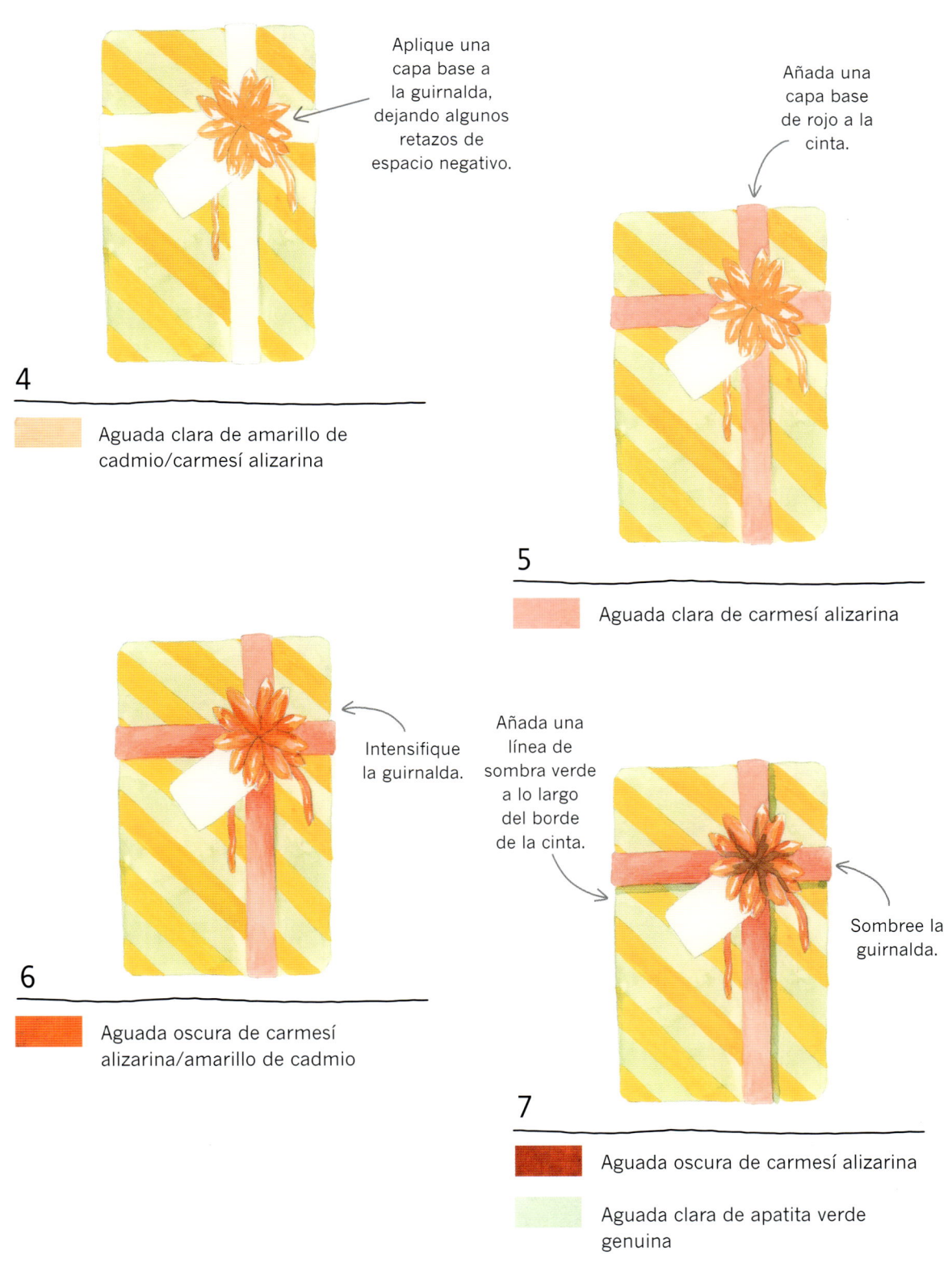

Aplique una capa base a la guirnalda, dejando algunos retazos de espacio negativo.

Añada una capa base de rojo a la cinta.

4

Aguada clara de amarillo de cadmio/carmesí alizarina

5

Aguada clara de carmesí alizarina

Intensifique la guirnalda.

Añada una línea de sombra verde a lo largo del borde de la cinta.

Sombree la guirnalda.

6

Aguada oscura de carmesí alizarina/amarillo de cadmio

7

Aguada oscura de carmesí alizarina

Aguada clara de apatita verde genuina

Índice de colores

ROJO NARANJA PERMANENTE

Shmincke: Horadam. Nombre de índice del color: PO62/PR242. Numero de índice del color: n/d

JOYAS VIBRANTES, PÁG. 24;
ESPÍRITU PLAYERO, PÁG. 34

GRANZA ROSA

Winsor & Newton. Nombre de índice del color: NR9; Número de índice del color: 75330

JOYAS VIBRANTES, PÁG. 24;
PURO ROMANTICISMO, PÁG. 54;
FRESCOR PRIMAVERAL, PÁG. 84

AZUL DE DELFT

Schmincke Horadam Aquarell. Nombre de índice del color: PB60; Número de índice del color: 69800

JOYAS VIBRANTES, PÁG. 24

AZUL MANGANOSO

Winsor & Newton. Nombre de índice del color: PB15; Número de índice del color: 74160

ESPÍRITU PLAYERO, PÁG. 34

AMARILLO DE NÁPOLES

Winsor & Newton. Nombre de índice del color: PW6, PBr 24; Número de índice del color: 77891, 77310

ESPÍRITU PLAYERO, PÁG. 34

TITANIO BEIGE

Daniel Smith. Nombre de índice del color: PW6:1; Número de índice del color: 77947

SERENIDAD ESCANDINAVA, PÁG. 44; RESPLANDOR OTOÑAL, PÁG. 104

ROJO DE POMPEYA

Daniel Smith. Nombre de índice del color: PBr7; Número de índice del color: n/d

SERENIDAD ESCANDINAVA, PÁG. 44

VERDE DE PERILENO

Winsor & Newton. Nombre de índice del color: PBk31; Número de índice del color: 71132

SERENIDAD ESCANDINAVA, PÁG. 44

OCRE AMARILLO

Winsor & Newton. Nombre de índice del color: PY43; Número de índice del color: 77492

PURO ROMANTICISMO, PÁG. 54; EMBELESO ESTIVAL, PÁG. 94

GRIS DE PAYNE

Winsor & Newton. Nombre de índice del color: PB15, PBk6, PV19; Número de índice del color: 74160, 77266, 46500

PURO ROMANTICISMO, PÁG. 54

AMARILLO DE CADMIO

Winsor & Newton. Nombre de índice del color: PY35, PO20; Número de índice del color: 77205, 77199

SOL TROPICAL, PÁG. 64;
FRESCOR PRIMAVERAL, PÁG. 84;
AMBIENTE NAVIDEÑO, PÁG. 114

OCRE INTENSO ITALIANO

Daniel Smith. Nombre de índice del color: PY43; Número de índice del color: 77492

SOL TROPICAL, PÁG. 64

TURQUESA DE COBALTO

Daler-Rowney 155 (series RS *** opaco). Nombre de índice del color: PB36

SOL TROPICAL, PÁG. 64

VERDE ORO

Winsor & Newton. Nombre de índice del color: PY129; Número de índice del color: 48042

TOQUE MÁGICO, PÁG. 74;
RESPLANDOR OTOÑAL, PÁG. 104

CARMESÍ ALIZARINA

Winsor & Newton. Nombre de índice del color: PR83; Número de índice del color: 58000

TOQUE MÁGICO, PÁG. 74;
AMBIENTE NAVIDEÑO, PÁG. 114

BRILLO LUNAR

Daniel Smith. Nombre de índice del color: PB29, PG18, PR177; Número de índice del color: n/d

TOQUE MÁGICO, PÁG. 74

TURQUESA FTALO

Winsor & Newton. Nombre de índice del color: PB16; Número de índice del color: 74100

FRESCOR PRIMAVERAL, PÁG. 84; EMBELESO ESTIVAL, PÁG. 94

AZUL CERÚLEO

Winsor & Newton. Nombre de índice del color: PB35; Número de índice del color: 77368

EMBELESO ESTIVAL, PÁG. 94

NARANJA DE CADMIO

Winsor & Newton. Nombre de índice del color: PY35, PR108; Número de índice del color: 77205, 77202

RESPLANDOR OTOÑAL, PÁG. 104

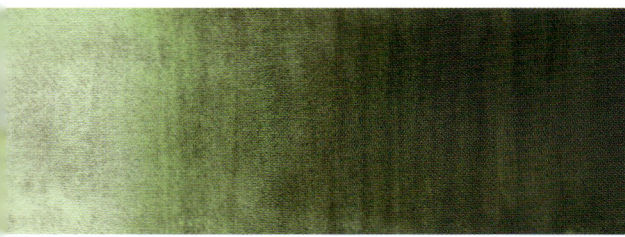

APATITA VERDE GENUINA

Daniel Smith. Nombre y número de índice del color: n/d

AMBIENTE NAVIDEÑO, PÁG. 114

Acerca de la autora

Katie Putt es una prestigiosa acuarelista e ilustradora afincada en Londres. Su obra combina un estilo tradicional con un toque moderno y relajado. Es la autora de *Aumenta tu confianza en la acuarela* y una experimentada profesora de talleres de acuarela. Para conocer mejor la obra de Katie, visita @studio.storey en Instagram y www.katieputt.com.

Créditos de las ilustraciones

El editor quisiera dar las gracias a las siguientes personas y entidades por permitir la reproducción de las imágenes en este libro. Aunque se ha hecho todo lo posible por acreditar todas las ilustraciones e imágenes, lamentamos los posibles errores u omisiones:

pág. 13 izquierda: Ilze_Lucero / Shutterstock; pág. 13 derecha: Nikita Oskolkov / Shutterstock; pág. 14: Azurhino / Shutterstock; pág. 15 colores terciarios, de izquierda a derecha: Crystal Odenkirk / Shutterstock; Vesnin_Sergey / Shutterstock; Evgenii Skorniakov / Shutterstock; Silver Spiral Arts / Shutterstock; Linda Armstrong / Shutterstock; Alx Yoel / Shutterstock.
El resto de las imágenes e ilustraciones son de la autora.